列国志

GUIDE TO
THE WORLD
NATIONS

新版

倪学德
编著

SAMOA

萨摩亚

社会科学文献出版社
SOCIAL SCIENCES ACADEMIC PRESS (CHINA)

法莱
Fale

法莱
Fale
萨莱

14°

美

中国援建的政府办公大楼，是中萨友谊的象征（丁海彬　摄）

妇女、社区与社会发展部办公大楼（吕桂霞　摄）

中央银行（丁海彬　摄）

华人陈茂在阿皮亚开设的公司（丁海彬　摄）

法雷奥洛国际机场（丁海彬　摄）

为利于通风，公共汽车几乎都不装玻璃
（丁海彬　摄）

等车的人们（吕桂霞　摄）

位于阿皮亚的塔诺阿·图希塔拉宾馆（丁海彬　摄）

海边的法雷（丁海彬　摄）

教堂（吕桂霞　摄）

阿皮亚灯塔（丁海彬　摄）

打渔归来（吕桂霞　摄）

农贸市场（吕桂霞　摄）

海岸上的椰树（丁海彬　摄）

热情的萨摩亚人向客人敬上卡瓦酒（吕桂霞　摄）

广场上玩耍的儿童（丁海彬　摄）

出版说明

　　《列国志》编撰出版工作自 1999 年正式启动，截至目前，已出版 144 卷，涵盖世界五大洲 163 个国家和国际组织，成为中国出版史上第一套百科全书式的大型国际知识参考书。该套丛书自出版以来，受到社会各界的广泛好评，被誉为"21 世纪的《海国图志》"，中国人了解外部世界的全景式"窗口"。

　　这项凝聚着近千学人、出版人心血与期盼的工程，前后历时十多年，作为此项工作的组织实施者，我们为这皇皇 144 卷《列国志》的出版深感欣慰。与此同时，我们也深刻认识到当今国际形势风云变幻，国家发展日新月异，人们了解世界各国最新动态的需要也更为迫切。鉴于此，为使《列国志》丛书能够不断补充最新资料，更好地服务于社会各界，我们决定启动新版《列国志》编撰出版工作。

　　与已出版的 144 卷《列国志》相比，新版《列国志》无论是形式还是内容都有新的调整。国际组织卷次将单独作为一个系列编撰出版，原来合并出版的国家将独立成书，而之前尚未出版的国家都将增补齐全。新版《列国志》的封面设计、版面设计更加新颖，力求带给读者更好的阅读享受。内容上的调整主要体现在数据的更新、最新情况的增补以及章节设置的变化等方面，目的在于进一步加强该套丛书将基础研究和应用对策研究相结合，将基础研究成果应用于实践的特色。例如，增加了各国有关资源开发、环境治理的内容；特设"社会"一章，介绍各国的国民生活情况、社会管理经验以及存在的社会问题，等等；增设"大事纪年"，方便读者在短时间内熟悉各国的发展线索；增设"索引"，便于读者根据人名、地名、关键词查找所需相关信息。

顺应时代发展的要求，新版《列国志》将以纸质书为基础，全面整合国别国际问题研究资源，构建列国志数据库。这是《列国志》在新时期发展的一个重大突破，由此形成的国别国际问题研究与知识服务平台，必将更好地服务于中央和地方政府部门应对日益繁杂的国际事务的决策需要，促进国别国际问题研究领域的学术交流，拓宽中国民众的国际视野。

新版《列国志》的编撰出版工作得到了各方的支持：国家主管部门高度重视，将其列入"'十二五'国家重点图书出版规划项目"；中国社会科学院将其列为创新工程学术出版资助项目，王伟光院长亲自担任编辑委员会主任，指导相关工作的开展；国内各高校和研究机构鼎力相助，国别国际问题研究领域的知名学者相继加入编辑委员会，提供优质的学术指导。相信在各方的通力合作之下，新版《列国志》必将更上一层楼，以崭新的面貌呈现给读者，在中国改革开放的新征程中更好地发挥其作为"知识向导"、"资政参考"和"文化桥梁"的作用！

新版《列国志》编辑委员会
2013 年 9 月

前　言

　　自 1840 年前后中国被迫开关、步入世界以来，对外国舆地政情的了解即应时而起。还在第一次鸦片战争期间，受林则徐之托，1842 年魏源编辑刊刻了近代中国首部介绍当时世界主要国家舆地政情的大型志书《海国图志》。林、魏之目的是为长期生活在闭关锁国之中、对外部世界知之甚少的国人"睁眼看世界"，提供一部基本的参考资料，尤其是让当时中国的各级统治者知道"天朝上国"之外的天地，学习西方的科学技术，"师夷之长技以制夷"。这部著作，在当时乃至其后相当长一段时间内，产生过巨大影响，对国人了解外部世界起到了积极的作用。

　　自那时起中国认识世界、融入世界的步伐就再也没有停止过。中华人民共和国成立以后，尤其是 1978 年改革开放以来，中国更以主动的自信自强的积极姿态，加速融入世界的步伐。与之相适应，不同时期先后出版过相当数量的不同层次的有关国际问题、列国政情、异域风俗等方面的著作，数量之多，可谓汗牛充栋。它们对时人了解外部世界起到了积极的作用。

　　当今世界，资本与现代科技正以前所未有的速度与广度在国际流动和传播，"全球化"浪潮席卷世界各地，极大地影响着世界历史进程，对中国的发展也产生极其深刻的影响。面临不同以往的"大变局"，中国已经并将继续以更开放的姿态、更快的步伐全面步入世界，迎接时代的挑战。不同的是，我们所面临的已不是林则徐、魏源时代要不要"睁眼看世界"、要不要"开放"的问题，而是在新的历史条件下，在新的世界发展大势下，如何更好地步入世界，如何在融入世界的进程中更好地维护民族国家的主权与独立，积极参与国际事务，为维护世界和平，促进世界与人类共同发展做出贡献。这就要求我们对外部世界有比以往更深切、全面的了解，我们只有更全面、更深入地了解世界，才能在更高的层次上融入世界，也才能在融入世界的进程中不迷失方向，保持自我。

与此时代要求相比，已有的种种有关介绍、论述各国史地政情的著述，无论就规模还是内容来看，已远远不能适应我们了解外部世界的要求。人们期盼有更新、更系统、更权威的著作问世。

中国社会科学院作为国家哲学社会科学的最高研究机构和国际问题综合研究中心，有 11 个专门研究国际问题和外国问题的研究所，学科门类齐全，研究力量雄厚，有能力也有责任担当这一重任。早在 20 世纪 90 年代初，中国社会科学院的领导和中国社会科学出版社就提出编撰"简明国际百科全书"的设想。1993 年 3 月 11 日，时任中国社会科学院院长的胡绳先生在科研局的一份报告上批示："我想，国际片各所可考虑出一套列国志，体例类似几年前出的《简明中国百科全书》，以一国（美、日、英、法等）或几个国家（北欧各国、印支各国）为一册，请考虑可行否。"

中国社会科学院科研局根据胡绳院长的批示，在调查研究的基础上，于 1994 年 2 月 28 日发出《关于编纂〈简明国际百科全书〉和〈列国志〉立项的通报》。《列国志》和《简明国际百科全书》一起被列为中国社会科学院重点项目。按照当时的计划，首先编写《简明国际百科全书》，待这一项目完成后，再着手编写《列国志》。

1998 年，率先完成《简明国际百科全书》有关卷编写任务的研究所开始了《列国志》的编写工作。随后，其他研究所也陆续启动这一项目。为了保证《列国志》这套大型丛书的高质量，科研局和社会科学文献出版社于 1999 年 1 月 27 日召开国际学科片各研究所及世界历史研究所负责人会议，讨论了这套大型丛书的编写大纲及基本要求。根据会议精神，科研局随后印发了《关于〈列国志〉编写工作有关事项的通知》，陆续为启动项目拨付研究经费。

为了加强对《列国志》项目编撰出版工作的组织协调，根据时任中国社会科学院院长的李铁映同志的提议，2002 年 8 月，成立了由分管国际学科片的陈佳贵副院长为主任的《列国志》编辑委员会。编委会成员包括国际片各研究所、科研局、研究生院及社会科学文献出版社等部门的主要领导及有关同志。科研局和社会科学文献出版社组成《列国志》项目工作组，社会科学文献出版社成立了《列国志》工作室。同年，《列国志》项目被批准为中国社会科学院重大课题，新闻出版总署将《列国志》项目列入国家重点图书出版计划。

在《列国志》编辑委员会的领导下，《列国志》各承担单位尤其是各位学者加快了编撰进度。作为一项大型研究项目和大型丛书，编委会对《列国志》提出的基本要求是：资料翔实、准确、最新，文笔流畅，学术性和可读性兼备。《列国志》之所以强调学术性，是因为这套丛书不是一般的"手册""概览"，而是在尽可能吸收前人成果的基础上，体现专家学者们的研究所得和个人见解。正因为如此,《列国志》在强调基本要求的同时,本着文责自负的原则,没有对各卷的具体内容及学术观点强行统一。应当指出,参加这一浩繁工程的,除了中国社会科学院的专业科研人员以外,还有院外的一些在该领域颇有研究的专家学者。

现在凝聚着数百位专家学者心血,共计141卷,涵盖了当今世界151个国家和地区以及数十个主要国际组织的《列国志》丛书,将陆续出版与广大读者见面。我们希望这样一套大型丛书,能为各级干部了解、认识当代世界各国及主要国际组织的情况,了解世界发展趋势,把握时代发展脉络,提供有益的帮助;希望它能成为我国外交外事工作者、国际经贸企业及日渐增多的广大出国公民和旅游者走向世界的忠实"向导",引领其步入更广阔的世界;希望它在帮助中国人民认识世界的同时,也能够架起世界各国人民认识中国的一座"桥梁",一座中国走向世界、世界走向中国的"桥梁"。

《列国志》编辑委员会
2003 年 6 月

序

于洪君[*]

　　太平洋岛国地处太平洋深处，主要指分布在大洋洲除澳大利亚和新西兰以外的 20 余个国家和地区。太平洋岛国历史悠久，早在公元前 8000 年前就有人类居住。在近代西方入侵之前，太平洋岛国大多处于原始社会时期。随着西方殖民者不断入侵，太平洋岛国相继沦为殖民地。二战结束后，这一区域主要实行托管制，非殖民化运动在各国随即展开。从 1962 年萨摩亚独立至今，该地区已有 14 个国家获得独立，分别是萨摩亚、库克群岛、瑙鲁、汤加、斐济、纽埃、巴布亚新几内亚、所罗门群岛、图瓦卢、基里巴斯、瓦努阿图、马绍尔群岛、密克罗尼西亚联邦和帕劳。

　　太平洋岛国所在区域战略位置重要。西北与东南亚相邻，西连澳大利亚，东靠美洲，向南越过新西兰与南极大陆相望。该区域还连接着太平洋和印度洋，扼守美洲至亚洲的太平洋运输线，占据北半球通往南半球乃至南极的国际海运航线，是东西、南北两大战略通道的交会处。不仅如此，太平洋岛国和地区还拥有 2000 多万平方公里的海洋专属区，海洋资源与矿产资源丰富，盛产铜、镍、

---

[*] 原中国驻乌兹别克斯坦大使、原中共中央对外联络部副部长、全国政协外事委员会委员、中国人民争取和平与裁军协会副会长、聊城大学太平洋岛国研究中心名誉主任。

金、铝矾土、铬等金属和稀土，海底蕴藏着丰富的天然气和石油。近年来，该区域已成为世界各大国和新兴国家战略博弈的竞技场。

太平洋岛国也是 21 世纪海上丝绸之路的自然延伸和亚太一体化的重要组成部分。中国同太平洋岛国的传统友谊和文化交往源远流长，早在 19 世纪中期就有华人远涉重洋移居太平洋岛国，参与了这一地区的开发。近年来，中国与太平洋岛国的合作日渐加强，在政治、经济、文化、教育等领域都取得丰硕成果。目前，中国在南太平洋地区拥有最大规模的外交使团。同时，中国在经济上也成为该地区继澳大利亚和美国之后的第三大援助国，并设立了"中国－太平洋岛国论坛"、"中国－太平洋岛国经济发展合作论坛"等对话沟通平台。2014 年 11 月，中国国家主席习近平在斐济与太平洋建交岛国领导人举行集体会晤，与会领导人一致决定构建相互尊重、共同发展的战略合作伙伴关系，携手共筑命运共同体，为中国与太平洋岛国关系掀开历史新篇章。

由于太平洋岛国地小人稀，且长期远离国际冲突热点，处于世界事务的边缘，因而在相当长一段时期被视为"太平洋最偏僻的地区"。中国的地区国别研究长时期以来主要聚焦于近邻国家，加之资料有限，人才不足，信息沟通偏弱，对太平洋岛国关注度较低，因此国内学界对此区域总体上了解不多，研究成果比较匮乏。而美、英、澳、新等西方学者因涉足较早，涉猎较广，且有充足的资金与先进的手段作支撑，取得了不菲的成果，但这些成果多出于西方国家的全球战略及本国利益的需要，其立场与观点均带有浓厚的西方色彩，难以完全为我所用。

近年来，随着中国融入世界的步伐不断加快，国际地位显著提高，中国在全球的利益分布日趋广泛。与越来越多的国家和地区进行友好交往并扩大互利合作，是日渐崛起的中国进一步参与全球化进程，开展中国特色大国外交的客观要求，也是包括太平洋岛国在内的国际社会对中国的殷切期待。更全面更深入的地区研究，必将为中国进一步发挥国际影响力，大步走向世界舞台中心提供强有力的支持。2011年11月，教育部向各高校下发《关于培育区域和国别以及国际教育研究基地的通知》和《高等学校哲学社会科学"走出去"计划》，希望建设一批既具有专业优势又能产生重要影响的智囊团和思想库。中共中央政治局委员、国务院副总理刘延东也多次提及国别研究立项和"民间智库"问题，鼓励有条件的大学新设国别研究机构。

在这种形势下，聊城大学审时度势，结合国家战略急需、区域经济社会发展需求及自身条件，在历史文化与旅游学院"南太平洋岛国研究所"的基础上，整合世界史、外国语、国际政治等全校相关学科资源，于2012年9月成立了"聊城大学太平洋岛国研究中心"。中心聘请中国现代国际关系研究院副院长、中央电视台国际问题顾问、博士生导师李绍先研究员等为兼职教授。著名世界史学家、国家级教学名师王玮教授担任中心首席专家。密克罗尼西亚联邦驻华大使苏赛亚等多位太平洋岛国驻华外交官被聘为中心荣誉学术顾问。在有关各方的大力支持下，中心以太平洋岛国历史与社会形态、对外关系、政情政制、经贸旅游等为研究重点，致力于打造太平洋岛国研究领域具有专业优势和重要影响的国家智库，力图为加强国家和地方与太平洋岛国进行政治、经济、社会、文化等领域的交流与合作，为增进中国和太平洋岛国人民之间的了解和友谊提供智力支撑和学术支持，为国内的太平洋岛国研究提供学术交流与互动的平台。

中心建立以来，已取得一系列可喜成绩。目前中心已建成国内最齐全、数量达 3000 余册的太平洋岛国研究资料中心和数据库，并创建国内首个以太平洋岛国研究为主题的学术网站及微信公众号；定期编印《太平洋岛国研究通讯》，并向国家有关部门提交研究报告；在研省部级以上课题 8 项。2014 年，中心成功举办了国内首届"太平洋岛国研究高层论坛"，该论坛被评为"山东社科论坛十佳研讨会"，与会学者提交的 20 余篇优秀论文被辑为《太平洋岛国的历史与现实》，由山东大学出版社于 2014 年 12 月正式出版。《太平洋学报》2014 年第 11 期刊载了中心研究人员的 12 篇学术论文，澳大利亚《太平洋历史杂志》 (*The Journal of Pacific History*) 对中心学者及其研究成果进行了介绍。这表明，太平洋岛国研究中心的研究开始引起国内外学术界的关注。

中心成立伊始，负责人陈德正教授就提出了编撰太平洋岛国丛书的设想，并组织了编撰队伍，由吕桂霞教授拟定了编撰体例，李增洪教授、王作成博士等也做了不少编务工作。在丛书编撰过程中，适逢社会科学文献出版社承担的中国社会科学院创新工程学术出版资助项目、"十二五"国家重点图书出版规划项目——新版《列国志》编撰出版工作启动。考虑到《列国志》丛书所拥有的品牌影响力和社会美誉度，研究中心积极申请参与新版《列国志》编撰出版工作。在社会科学文献出版社谢寿光社长、人文分社宋月华社长的大力支持下，中心人员编撰的太平洋岛国诸卷得以列入新版《列国志》丛书，这给中心以极大的鼓舞和激励。为了使中心人员编撰的太平洋岛国诸卷更加符合新版《列国志》的编撰要求，人文分社总编辑张晓莉女士在编撰体例调整方面给予了诸多帮助。在此一并致谢。

　　因其特殊的地缘特征，太平洋岛国战略价值的重要性毋庸置疑，同时，在中国建设 21 世纪海上丝绸之路的过程中，作为中国大周边外交格局一分子的太平洋岛国的重要性也不言而喻。新版《列国志》太平洋岛国诸卷的出版，不仅可填补国内在太平洋岛国研究领域的空白，同时也为我国涉外机构、高等院校、科研机构及出境旅行人员提供一套学术性、知识性、实用性、普及性兼顾的有关太平洋岛国的图书。一书在手，即可明了对国人而言充满神秘色彩的太平洋诸岛国的历史、民族、宗教、政治、经济以及外交等基本情况。聊城大学太平洋岛国研究中心也将以新版《列国志》太平洋岛国诸卷的出版为契机，将太平洋岛国研究逐步推向深入。

CONTENTS

目 录

CONTENTS

目 录

CONTENTS

目　录

CONTENTS
目 录

导　言

　　在浩瀚的南太平洋，萨摩亚群岛不仅以其气象万千的海洋风光吸引着游客，而且以它在国际交通线上的重要地位引人注目。萨摩亚群岛是一组大约形成于 700 万年以前的岛屿，它距离苏瓦（斐济首都）约 1200 公里，距奥克兰（新西兰大城市）2890 公里，离悉尼 4400 公里，去洛杉矶 8400 公里，向东北方向行 4000 多公里可抵夏威夷。因此，萨摩亚群岛也被称为"太平洋的中途客栈"。萨摩亚按地理位置分为东西两大岛群，分别简称为"东萨摩亚"和"西萨摩亚"。东萨摩亚是美国的海外属地，即美属萨摩亚。西萨摩亚 1962 年宣布独立，成立"西萨摩亚独立国"，从而成为南太平洋地区第一个独立的国家。1997 年经议会批准，"西萨摩亚独立国"更名为"萨摩亚独立国"，简称"萨摩亚"。本书主要介绍西萨也就是通常所指的萨摩亚，兼及东萨概况。

　　萨摩亚是一个民族传统与现代体制融合的社会。一方面个体价值被普遍忽视，另一方面人们又非常自由，因为选择是多种多样的；一方面有着悠久的民主协商传统，家族首领和村社酋长基本上是民主选举产生的，重大事情也是集体协商解决，另一方面又等级森严，集体暴政时有发生；一方面男女两性关系上非常开放，未婚先孕和私生子女不会受到任何歧视，另一方面男女之间又壁垒森严，禁忌重重；一方面国家机构完全按照西方议会制度运作，另一方面地方社区又根据传统方式充分自治。

在外国殖民势力和西方文化的影响下，西萨摩亚 20 世纪 60 年代的独立宪法广泛借鉴了欧美国家的经验，确立了以民主自由为基本价值的现代宪政体制。70 年代末 80 年代初开始实行的多党制，更是为民主政治注入了新的活力。萨摩亚国家政治生活中的法制化水平明显高于许多发展中国家，社会秩序良好，宪法的权威得到了较好的尊重和体现。可以说，萨摩亚在宪政建设方面取得了很大成就。萨摩亚目前只有中央一级政府，国家公职人员不到 500 人。除了典型的国家事务外，大量的社会事务都是各自治单位自主解决。其社会自治虽然主要以村和选区为基本单元，行业自治还停留在企业和学校等单位自治的层面，但萨摩亚人的自治水平是相当高的。萨摩亚政府在处理中央管理和地方自治关系问题上基本是成功的，其中的经验值得发展中国家借鉴。

第一章

概　览

第一节　国土与人口

一　国土面积

萨摩亚群岛由西、东两大岛群组成，分别简称为西萨和东萨。西萨由萨瓦伊、乌波卢两个主岛及周围的马诺诺、阿波里马、法努阿塔普、纳穆阿、努乌泰雷、努乌卢阿及努乌萨菲伊七个小岛组成。东萨由主岛图图伊拉和塔乌、阿乌努乌、奥洛塞加、奥福、罗斯和斯温斯六个小岛组成。萨摩亚群岛陆地总面积为3143平方公里，其中西萨2934平方公里，东萨209平方公里。三大主岛约占总面积的98%。萨瓦伊是萨摩亚群岛的最大岛屿，面积为1820平方公里，海岸线约240公里。面积为1107平方公里的乌波卢是萨摩亚群岛中的第二大岛，也是萨摩亚群岛中最美丽富饶的岛，海岸线约200公里。图图伊拉是萨摩亚群岛的第三大岛，面积为137平方公里，海岸线约130公里。萨摩亚群岛海岸线总长403公里，水域面积12万平方公里。

二 地理位置

萨摩亚群岛地处南太平洋波利尼西亚岛系中心（西经 168°~
174°，南纬 13°~15°），由萨瓦伊、乌波卢及图图伊拉三个主岛和周
围一些小岛组成。三个主岛自西向东分布，位于中间的乌波卢与西
边的萨瓦伊和东边偏南的图图伊拉分别相距约 22 公里和 130 公里。

萨摩亚群岛的近邻有汤加、斐济、瓦利斯群岛和富图纳群岛、
托克劳、库克群岛和纽埃等。在这些近邻的外围往南偏西约 2900
公里处是新西兰，往西 4000 多公里处是澳大利亚，往东北 4000 多
公里处是夏威夷。萨摩亚群岛的地理位置非常重要，被称作"太
平洋的中途客栈"。

西萨与汤加属于同一时区，但分别被划在国际日期变更线的东
西两侧，所以汤加和西萨就成为最早迎来新千年和最后送走新千年
的国家之一。这一特殊的地理位置也成为当今萨摩亚旅游业的一大
卖点。

三 地形与气候

萨摩亚群岛上山峦起伏，道路崎岖，虽无大河大川，却有小
溪、小瀑布和许多淡水泉，为人们生活提供了方便。各主岛有小片
平原和不甚陡峭的山坡与洋中的环礁湖相接。在暴风雨天气里，汹
涌的海浪拍打着堤礁，发出震耳欲聋的响声，但在并不很深的环礁
湖里，海水却永远是那么平静，人们可以划着小船在这里随心所欲
地游玩。

萨摩亚的气候属热带雨林气候，年平均气温约为 29℃。西萨
白天海面的温度平均在 30℃左右。这里雨量充沛，极少发生旱灾。

降雨量随着海拔高度的上升而增加。由于东南信风的影响，南岸及东岸降雨较多。阿皮亚年降雨量为 2850 毫米。东萨离赤道较西萨远，因此白天海面平均温度较西萨低，约为 28℃ 左右，但年降雨量较西萨多一些。萨摩亚群岛没有四季之分，只有雨季旱季之别。4 月底至 11 月初雨水较少，为旱季。这一季节，东南信风不断吹拂，天气凉爽，比较舒适。7 月气候最为舒适。11 月至次年 5 月初雨水较多，为雨季。在这些月份中，倾盆大雨常常伴随着风暴，突然而来，又骤然而止。急风暴雨来自山上的森林，每当山林上空出现浓雾时，大雨就会马上来临。雨季空气潮湿闷热，不如旱季舒服。这里虽然地处热带，但由于受海洋的影响，并不十分炎热，即使在最热的月份里，气候也远非不可忍受，生活起来还是很舒适的。这里昼夜温差较大，晚上非常凉爽，气温在 16℃ 左右。

热带雨林气候造就了美丽的热带风光，其最明显的标志之一就是这里到处生长着热带植物。萨摩亚最具热带特征的植物非椰树莫属。椰树挺拔高耸，到处可见，椰树上的累累果实不仅给萨摩亚人提供了天然饮料，还向人们展示着热带的魅力。椰树在海滨比在山上更容易生长，所以椰林大都在靠海边的地方。面包果树是萨摩亚最美丽的树木之一，西瓜大小的面包果是萨摩亚人的一种主食，深绿宽厚的阔叶为人们提供了凉爽的树荫。芒果、菠萝、香蕉和木瓜等多种热带植物为人们提供了丰盛的水果。

四 行 政 区 划

萨摩亚由 11 个政治区（itūmālō）组成。它们是在欧洲人到达之前很早就有的传统 11 个区。它们分别为：图阿马萨加、阿纳、艾加伊勒泰、阿图阿、瓦奥福诺蒂、法塞莱莱阿加、加加埃毛加、加盖福毛加、韦西加诺、萨图帕伊泰阿、帕劳利。首都阿皮亚，是萨摩亚全国政治、经济和文化中心，也是该国唯一的城市。

五　人口、语言、民族

萨摩亚约有 19 万人，居民 90% 为萨摩亚人。萨摩亚人属波利尼西亚人种，皮肤为浅棕色。萨摩亚官方语言为萨摩亚语，广泛使用英语，大多数人的英语略带新西兰口音。西萨摩亚人的平均寿命男性为 64 岁，女性为 63 岁。和其他南太平洋岛国人一样，萨摩亚人体态也比较肥胖。多数成年男子体重都有 100 公斤，成年女性 90 公斤左右。这固然与遗传基因有很大关系，但饮食结构的作用也不可低估。由于有移民传统，西萨摩亚混血人口比例很高，在首都阿皮亚地区尤其突出。人们很难想象，这样的小城市里竟有英国人、德国人、法国人、丹麦人、挪威人、瑞典人、美国人、中国人、日本人、韩国人、印度人、澳大利亚人、新西兰人等的后裔，有的人甚至具有 10 种以上的血统。

六　国旗、国徽、国歌

萨摩亚国旗呈横长方形，长与宽之比为 2∶1。旗底为红色，左上方的蓝色长方形占旗面 1/4，长方形中有 5 颗白色五角星，1 星较小。红色象征勇气，蓝色象征自由，白色象征纯洁，5 颗星代表南十字星座。

萨摩亚国徽中心图案为盾徽。盾面下半部为蓝底，上面的 5 颗白色五角星代表南十字星座。上半部有象征海洋的绿色波纹，中间的椰子树象征该国的绿色自然界。盾徽上端是放射光芒的十字，象征基督教在人民生活中占有重要地位。盾徽外围是两个同心圆，象征地球，中间的红色横线代表赤道。同心圆由两支橄榄枝环抱，象征和平与和睦。下端的白色绶带上写着"上帝创造的萨摩亚"。

萨摩亚国歌是《自由的旗帜》，由绍里·库雷萨作词、作曲。歌词大意：萨摩亚，你的皇冠就是国旗，快高高举起。萨摩亚，你的皇冠就是国旗，快高高举起。看飘扬着的国旗上的星星多美丽，这表示萨摩亚能够扬眉吐气。啊，萨摩亚！啊，萨摩亚，打定主意，永远不能把自由放弃。我们珍贵的自由，你无所畏惧，你紧紧依靠上帝。萨摩亚，你的皇冠就是国旗，快高高举起。

第二节　宗教与民俗

一　宗教

萨摩亚人的宗教主要是以基督教为主的西方宗教。原来萨摩亚人信奉多神教，基督教传入后，逐渐被本土化了。可以说，萨摩亚现代宗教是西方宗教教义与萨摩亚传统相结合的产物，是具有萨摩亚特色的宗教。萨摩亚人的信教率很高，除了占主导地位的基督教各教派外，还有摩门教、巴哈教等。根据西萨《1991年人口普查和住房报告》的统计，当时人口为161298人，其中99%以上的人信教。各派教徒占人口总数的比例分别是：伦敦公理会约占42.6%，天主教约占20.8%，卫斯公会教约占16.8%，摩门教约占10.2%，其他教派约占8.8%。东萨与西萨相似，各教派占其人口总数的比例分别是：伦敦公理会50%，天主教20%，摩门教9%，卫斯公会教5%，其他教派16%。不论从信教人数比例，还是从虔诚度来看，萨摩亚民族的确是虔诚的宗教民族，难怪西萨独立时将"上帝创造的萨摩亚"作为座右铭刻在其国徽之中。

宗教在萨摩亚有正反两方面的作用。一方面，宗教对维护社会秩序、减少暴力事件具有积极作用，成为社会道德与治安的稳定器。以西萨摩亚为例，尽管没有军队，只有近 500 名警察负责交通、社会治安和监狱等，但社会治安状况相当好，暴力恶性事件很少，连国家元首和政府总理也无须警卫。另一方面，在经济困难的情况下，萨摩亚却在宗教方面投入了大量人力、物力和财力，造成了极大的浪费，不利于经济的发展。仅有 19 万人口的西萨有各类教堂 1000 多座，而且所有教堂都比较漂亮。萨摩亚人花了大量的时间做礼拜，参加宗教活动，礼拜日不能去钓鱼，不能干重体力活，商店也不营业或只营业很短的时间。

1830 年，传教士约翰·威廉斯开始在萨摩亚传播基督教，开辟了萨摩亚近代宗教的先河。从此，新教会纷至沓来。萨摩亚人轻易地放弃传统信仰，接受新宗教的重要原因，在于旧萨摩亚除相信传统诸神外，并没有明确的教义教规和宗教团体。而一些重要的马他伊（即酋长）也利用新宗教扩大自己的影响，提高自己的地位。马他伊皈依某种宗教后，常常要求甚至强迫他的家族也信奉该教派，否则就给予惩罚。一个村子皈依某种宗教后常常影响到与其有亲戚关系的村子，新宗教就是这样在萨摩亚传播开来的。

如今，基督教已经成为萨摩亚文化的重要组成部分，每个村子都有不同的教堂，分属不同的基督教派，少数人属于其他宗教，但不同的教徒都能和平共处。现在，萨摩亚成了虔诚的宗教国家，其中基督教占绝对主导地位，萨摩亚人的日常生活、政治事务无一不受宗教的影响。萨摩亚人对基督教等宗教的信仰程度比其发源地有过之而无不及。人们每周都要穿上礼服到教堂做礼拜，几乎所有的其他事务都要给宗教活动让路。在任何重要场合，首先要由牧师进行祈祷，然后其他人再发表讲话或进行其他活动。

二　节　日

作为信奉基督教的国家，基督受难日、复活节、圣诞节都是萨摩亚的重要节日，元旦也是法定节假日。在萨摩亚，最隆重的节日是每年 6 月 1 日的独立日。萨摩亚 1962 年 1 月 1 日宣布独立，起初将 1 月 1 日定为独立日，但 1 月正值雨季，不适合举行庆祝活动，从 1963 年起，改 6 月 1 日为独立日或国庆日。每逢此日，萨摩亚街头挂满国旗，人们穿着节日盛装，跳起赛赛舞和火焰舞，到处欢歌笑语，一派节日庆典景象。中国政府有时也派代表参加西萨重大的独立日庆典。2012 年 5 月 31 日至 6 月 2 日，中国政府特使、民政部副部长罗平飞在萨摩亚首都阿皮亚出席了萨摩亚独立 50 周年庆典。其间，罗平飞分别会见萨摩亚国家元首埃菲和总理图伊拉埃帕。罗平飞转达了中国领导人对萨摩亚领导人的亲切问候和良好祝愿，代表中国政府对萨摩亚独立 50 周年表示热烈祝贺，积极评价中萨建交 37 年来两国关系的发展。萨摩亚领导人感谢中国政府长期以来为萨摩亚经济社会发展提供支持和帮助，表示萨方高度重视发展对华关系，支持中方在太平洋岛国地区发挥积极作用。

三　传统习俗

萨摩亚人热情好客，淳朴憨厚，喜欢开玩笑。在萨摩亚，游客不论走到哪个地方，都会感受到当地人的热情好客，他们就像见到老朋友一样和游客打招呼。当陌生人问路时，他们不但会告诉你如何走，甚至会为你领路。萨摩亚人初次见面就喜欢开玩笑，有时可能还会有点过头，使人一下子不知所措。对于萨摩亚人的乐观活泼，19世纪曾经在萨摩亚生活过的T. H. 胡德这样说："没有哪个民族能比萨摩亚民族更幸福了，很少见到他们愁眉苦脸或不满之时。贫穷对他们来说是不存在的，大自然赐给了他们足够的礼物。"

萨摩亚人能歌善舞，几乎每个人都能来两下子。其曲调时而热情奔放，时而悠扬细腻。他们使用的乐器既有原始的木管和海螺，也有时髦的扬琴和小号。萨摩亚女性舞姿优美动人，纤纤手指如行云流水，展示出女性的柔美；男性舞姿粗犷奔放，刚劲有力，拍体顿足是最常见的动作，体现出男人的阳刚之气。萨摩亚人跳舞一般都赤脚。现代女性跳舞时头戴花环，身穿五颜六色的拖地长裙；男性常上身裸露并涂上光亮的保护油，下身用短裙或树叶裹着，小腿还要围上阔叶，跳起舞来瑟瑟作响，更增添了原始舞蹈的特点。

随着西方人的到来，一些西方习俗逐步扎根并成为萨摩亚的习俗，亲脸礼就是其中之一。萨摩亚人见到重要客人或好久没见的亲朋好友要亲脸或握手。初到萨摩亚的东方人因不习惯于亲脸之礼有时会闹出笑话。当萨摩亚人习惯性地伸头欲行亲脸礼时，不习惯亲脸礼的东方客人往往不知所措，闹得主人非常尴尬。当客人反应过来将脸凑过去时，萨摩亚人却因客人刚才的反应已将脸收回，结果客人又显得十分难堪。因此，到萨摩亚要做好入乡随俗的思想准备。

在婚丧嫁娶或授马他伊头衔等重大活动时，萨摩亚人都要赠送礼物。男人赠送的礼物主要有烤乳猪、雕刻的碗、独木舟等；女人赠送的礼物主要是编织的席子、树皮布、防虫油等。这些礼物是手工做出来的，要投入很多的功夫，将之送人表达了对对方的尊重和敬意。送烤乳猪一般用于重大场合，也是表示歉意的最高形式。权杖（晒干的卡瓦杆，卡瓦是当地一种热带植物）、拂尘（马尾状的甩子）和卡瓦盆（用于制作卡瓦饮料）是萨摩亚马他伊权威的象征，现在也成了赠送重要客人，尤其是外国客人的高级礼品，其价值不在于礼品本身，而在于其表达的敬意。现在，一些重要家族还将马他伊头衔作为礼物授予外国客人，使其成为该家族的名誉马他伊。

旧萨摩亚处于原始部落状态，人们通常裸露上身，围着下身遮羞的是用树叶串成的裙子和用树皮砸出来的布，或是一种纺织的草席。人人都光着脚，脚底有一层茧，不怕路面的烫热，也不怕草刺扎脚。男人蓄长发，女人留短发。现在萨摩亚人的服装表现出土洋结合的特点。一般情况下，男性上身裸露或穿T恤衫等便服，下身穿传统服装拉瓦拉瓦，即一块长方形布围在下身构成的萨摩亚式长裙，脚光着或穿人字形拖鞋。在正式场合，多数人上身穿西装佩领带，下身穿拉瓦拉瓦，脚穿皮鞋或拖鞋，但不爱穿袜子。萨摩亚女人经常穿连衣裙，脚下和男性差不多，也是穿人字形拖鞋。

旧萨摩亚在饮食方面非常原始。人们先在一堆石头上放上木柴让其燃烧，待石头烫热后将火熄灭，把木头和灰烬拣出来拿走，然后把芋头、香蕉、剥过皮的面包果块等食品放在青湿的阔叶上包好后埋在刚刚烧热的石头堆中蒸烫，过一小时左右后取出，香喷喷的食物就做好了。那时做饭是重体力活，因此由青壮年男子去做。各种食物做好之后，大家围在草席上用手抓着吃。女人一般不与男子同席而食。今天的萨摩亚现代化炊具已占主导地位，女人不与男人同席而食的陋习几乎成为历史，但在较偏远的村庄还能看到它的影响。人们的主食仍然是香蕉、芋头、面包果等，当然也有大米和白面。萨摩亚有芒果、椰子、木瓜、榴莲和香蕉等热带水果。旧萨摩亚时代，人们没有蔬菜概念，是华人教会了他们种植和食用蔬菜。

萨摩亚人居住的房舍别具一格，这种房子被叫作"法雷"。传统法雷没有墙壁，房顶由一系列木柱支撑，整个建筑没有铁钉，所有连接处都是用木榫和绳子固定的。法雷其实就是没有墙的茅屋，屋顶由椰子叶和甘蔗叶等编制而成，在支撑屋顶的木柱之间是可以卷起的草帘。屋内承受八面来风，非常凉爽舒适，风雨来时，将帘子放下遮风挡雨。现在，萨摩亚的房舍有了很大变化，既有欧式建筑，也有现代法雷。现代法雷已经不像传统法雷那样简陋，屋顶由铁板、地面由水泥取代，屋子里也多了一些供异国客人用的椅子。

文身是萨摩亚民族文化的重要组成部分，距今已有几百年的历史。在萨摩亚人眼中，文身不仅是一种装饰，而且是美和力量的象征。文身是一种挑战，只有意志坚强的人才能忍受其苦。经受不了文身之苦半途而废者会感到羞耻，而文过身的人则备受人们的尊重。最初，只有男子才可文身，后来女性也加入了文身的行列。文身是一种神圣的艺术，不同的文身图案都有不同的内涵。据说，这些图案的组合将赋予人巨大的力量，使人进入更高的境界。文身费用很高，但渴望早日成为受人尊重的酋长的年轻人并不吝惜这些钱财。文身的工具很原始，有鱼刺制成的梳子、龟壳制成的刀片和公猪牙制成的骨锥。文墨是用水和一种木头灰烬研磨而成的。文身时皮开肉绽，疼痛不堪，少数人在文身过程中会因失血过多而昏厥。文身过程结束后，家人便大摆宴席，以示庆贺。等伤口痊愈后，酋长们也会举办舞会为其庆祝，文身者为自己终于闯过了神圣的难关而感到自豪。

　　萨摩亚有一种隆重的卡瓦仪式。卡瓦既可指一种热带植物，也可指用这种植物的根制成的饮料，俗称卡瓦酒。卡瓦酒并不含酒精，能活血化淤，有利于人的身体健康。卡瓦仪式就是指以敬献卡瓦酒为特征的表示对客人尊敬的最高礼仪，是萨摩亚文化的重要组成部分。每逢重要客人来访、马他伊委员会开会、请人盖房或造船等场合都要举行卡瓦仪式，这种仪式在汤加和斐济也很流行。卡瓦仪式常常在宽敞的法雷里面举行，由高级马他伊主持。主客坐首席，主人坐在对面，两人身边都盘腿坐着代言马他伊。主客都穿拉瓦拉瓦（客人如果是外国人则例外），上身裸露，涂着椰油，手持标志着身份的拂尘。旁边一位年轻漂亮的姑娘盘坐在一个卡瓦盆后，她是卡瓦仪式上的重要人物，负责制作卡瓦酒，有时为客人舞蹈。仪式在一声似唱似叫的呼叫声中开始。主客各自致辞。年轻姑娘在小伙子的帮助下将一束卡瓦根纤维放入盆内水中不断揉搓，水色发黄后捞出卡瓦根纤维即成卡瓦酒。姑娘将两手放在卡瓦盆的盆沿上等待敬献卡瓦。所有讲话完毕后，在代言马他伊的指示下，姑娘用椰壳制成的碗舀出卡瓦酒，由年轻小伙子依次向客人和主人敬献。第一碗敬献给主客，主客双手庄重地接过来，应先往地上倒几滴，以敬神灵，然后高声向大家表示祝福并随之一饮而尽。第二碗敬献给主人，第三碗敬献给第二位客人，就这样按照宾客地位的高低依次敬献。敬酒完毕，代言马他伊宣布卡瓦仪式结束，然后大家一边唱歌跳舞，一边吃饭交谈，非常热闹。

　　萨摩亚人的两性观念很特别。旧萨摩亚有验贞的习俗。新婚的第二天早晨，公婆在新房门口等儿子出示验贞布。如果验贞布上见红，则证明儿媳是贞洁的，以后自然会受到善待，否则以后就不会受到宠爱。对塔普的验贞因其身份的特殊而有所不同。塔普是从村中高级马他伊的未婚女儿中选出来的，是本村女性的代表，其任务通常是接待贵宾，在卡瓦仪式上制作卡瓦酒。她具有很高的地位，这种地位随着婚嫁而失去。塔普的贞洁要得到保障，由伺候人看护。塔普结婚不仅是本家族而且是本村的大事，其对象一般是其他村子里有势力的高级马他伊的儿子。婚前由代言马他伊在公开场所验贞，代言马他伊在用树皮围成的临时小隔间中，将手指插入塔普体内，如果手指上有血，便示之于众证明其贞洁，然后全村举行庆祝会。随着西方宗教的传入，这些习俗也在发生变化，验贞等陋习被抛弃，西方婚恋观被采纳，到教堂去举办婚礼已经成为时尚。

由于不许堕胎，因此未婚母亲很多。但人们对未婚母亲没有任何歧视，她们也并不忌讳向别人谈及这些情况。青年男子对此也不太在意，只要看中某女子，往往连同其私生子一起娶过来，而且不虐待孩子。萨摩亚的居住方式和生活特点导致婚外情很多，人们似乎能够接受这种情况，但对乱伦现象则严厉谴责或处罚。萨摩亚还有一种被称为"法法菲尼"的人，即女性化的男人，他们将自己视为女性，在语言、行动和穿着等方面极力模仿女性，对心目中的男性感兴趣。这种人在萨摩亚并不少见，社会上对这种人并不排斥。

第三节　特色资源

一　火山群岛

萨摩亚群岛是历史悠久的火山群岛。数百万年以前，太平洋下面的海底火山活动形成了海底山脉。斗转星移，其中一部分终于露出洋面，形成了萨摩亚群岛。群岛表面大部分曾为熔岩或火山岩所覆盖，经过了不知多少年的风吹雨打，这些火山岩被风化后形成了火山灰。这些肥沃的火山灰孕育出多种多样的植物，使这些大洋中的小岛葱绿宜人，生机盎然。

研究表明，萨摩亚群岛位于奥克兰－汤加－萨摩亚火山带上，火山活动中心在汤加一带。这里是地球褶皱和断层地带，火山活动和地震时常单独或相伴发生。但因活火山具有安全阀的作用，地震不会太强烈，且火山爆发时，不会发生大的地震。

1866 年 9 月 12 日，马努阿小群岛发生了一次大规模的火山爆发。浓烟伴随着岩浆猛烈地向上喷发，半分钟内喷至近百米高。这次火山喷发伴随着一系列地震，大小地震持续了两个月之久。进入20 世纪，由于太阳黑子的活动，出现了全球性的火山爆发。1902年，萨瓦伊岛奥波地带火山在海拔 1400 米的山顶爆发后，原来百米深的山谷变成了一座高达 500 米左右的山岭，熔岩流过的面积达几十平方公里。

在太阳黑子活动最多的 1905 年，萨瓦伊岛火山大规模爆发，这次发生在萨瓦伊岛东南部马塔瓦努一带。这次爆发很独特，没有真正的凝灰岩和灰烬，两个火山口同时喷发，熔岩的厚度从三米到几十米不等，近三十米宽的火山熔岩沿着一条干涸的河床向前夺路而行，直奔大海。熔岩流入海中，海水沸腾，海洋生物罹难。海面出现的大片水雾与火山喷出的烟、灰相混杂，数英里外就能看见。熔岩流过的距离远远超过火山口距海边的 20 公里。熔岩越流越宽，在海滨有些地方，可达十几公里。熔岩所到之处，万物皆毁，就连附近的庄稼和水也受到硫烟的影响，数十里以内的村庄变成不毛之地。

这次火山爆发时断时续，直到 1910 年底才完全停止。熔岩覆盖面积为一百多平方公里。虽然没有人员伤亡，但居民们赖以生存的作物全部被毁，住房全无，原来美丽的村庄变成了一片废墟，村民们不能再在这里生活了，他们面临着大灾荒，许多人因吸入硫烟而患上各种各样的疾病，当时的德国殖民当局只好安排他们在乌波卢重建家园。

在这次火山爆发过程中，一个奇迹出现了：无情的熔岩竟绕开了一位年轻修女的坟墓。这座幸免的修女墓现在成了旅游者常去观光的景点之一。修女墓和大片几乎寸草不生的黑色熔岩地是这次毁灭性的火山爆发的历史见证。

二　游览胜地

萨摩亚群岛还是远离尘嚣的游览胜地。这里没有都市的喧嚣，没有污染，是当今世界难得的几片净土之一。在这里，人们能摆脱人间的烦恼，尽情享受回归自然的美妙感受。回归自然的萨瓦伊、美丽富饶的乌波卢、海港迷人的图图伊拉，成为有"天堂"之称的萨摩亚最为著名的景点。

只有 5 万居民的萨瓦伊有茂密的原始森林、大面积的火山岩地和良好的白沙滩。优质的环岛公路、齐全的供水供电设施和具有民族特色的各类海滨旅馆为游客提供了食宿和交通保障。岛上的居民多住在靠近海岸的地方，他们热情好客。那里几乎没有什么工业，基本上没有开发，游客在那里会有一种回归自然的美好感受。在萨瓦伊南海岸，火山熔岩流过时形成了大小不一的岸边洞穴缝隙，形成了独特的景观。最大一个洞的直径有一米左右，在海浪的猛烈冲击下，岸边大片浪花飞溅，洞中巨大的白色水柱呼啸而出，直冲天空，形成大片白色的水雾。在阳光灿烂的日子，水柱喷射之后，光滑的洞口立刻出现清晰绚丽的彩虹。风急浪大时，水柱可达六十多米高。如果往洞中丢椰子或其他漂浮物，这些东西会被抛得比水柱更高。

萨瓦伊北部的瓦伊萨拉附近的白沙滩是理想的游泳场所，那里没有鲨鱼，非常安全，人们可以尽情享受大海的抚爱。萨瓦伊的熔岩地一望无际，空旷阴森，它记载着火山爆发给当地带来的历史性灾难，给游客留下了难忘的印象。

19 世纪 40 年代到过乌波卢的英国传教士约翰·B. 斯戴尔，曾经称赞乌波卢岛"风景妩媚，变化万千"。的确，乌波卢是较为理想的旅游胜地。首都阿皮亚是岛上最引人注目的地方。在青山碧水的陪衬下，它向人们展示着独特的风姿。距阿皮亚约五公里的帕帕塞阿是著名的"滑石"景点所在地。那里地处丛林深谷之中，岩石从高到低形成三级天然的阶梯，每级有三四米高，下面都有一个大池子。不知从何时开始便有一条小溪从这些阶梯上流过，形成几道小瀑布，使池子中总有一汪清澈的水。溪水长年累月地冲击，这些岩石和下面的池子变得异常光滑。溪水从最上面的滑石顺势下滑，快速滑入池中，水花四溅，"滑石"之名由此而来。位于阿皮亚北边 20 公里左右的山顶湖是另一个值得一去的景点，它是由山顶火山坑形成的。那里湖水清澈，红鱼漫游，树木花草倒映水中，一派幽静的湖光山色，令人心旷神怡。但这里地处山顶，没有大道，开车只能到离此四公里的山腰，然后徒步穿过芦苇丛和山林小道，越过小山岭，约行一个小时才能到达。这时人们虽已满头大汗，非常疲惫，但山顶的无限风光会使人忘却疲劳，尽情享受大自然的美妙。山顶气候多变，时而晴空万里，时而大雨倾盆，如果不带雨具的话，很可能就会成为快乐的落汤鸡。除了上面的景点外，乌波卢的阿雷伊帕塔海滩、瓦瓦乌等名胜，都能给游客留下美好的记忆。

乌波卢旅游设施较好，位于阿皮亚港湾的艾吉·格雷宾馆（Aggie Grey）达到四星级宾馆的水平。位于穆里努乌的基塔诺·图希塔拉宾馆（Kitano Tusitala）是阿皮亚第二大宾馆，条件仅次于艾吉·格雷。此外还有各式各样具有萨摩亚特色的法雷式旅馆。多数旅馆每周都有萨摩亚传统的草裙舞、火刀舞表演供人们欣赏，还有各种传统食品供人品尝。

图图伊拉山峦起伏，陡峭险峻，自然风光非常迷人。繁华的帕果帕果市镇、繁忙的帕果帕果港、奇特的洋中哨石、雄伟壮观的造雨宾馆、卧龟状的国家奥林匹克中心建筑等都是令人感兴趣的旅游景点。帕果帕果港是太平洋最好的天然深水港之一，四面高山环抱，呈长条状深入内陆，有一条狭窄的出海口与大洋相连。海港宽度从几百米到数公里不等。该港可泊万吨巨轮，在第二次世界大战时期，其战略意义非常重大，经常有军舰停泊。和平时期，过往的客船、货船和渔船很多，十分繁忙。从出海口到海港进入内地最远处约五公里，海港岸边的小片平坦地带成为重要的商业区。帕果帕果港不仅具有重要的商业价值，景色也非常迷人。北岸的阿拉瓦山为东萨第二高的山脉，山顶经常云雾缭绕，景色壮观。岸边有最大且造型别致的造雨宾馆。

除了上面几处游客常去的地方，还有几个小岛以其原始和神秘刺激着游客的好奇心，促使人们到那里体验《鲁滨逊漂流记》中主人公那种漂泊孤岛的感觉。马努阿小群岛是古代权力中心所在地，曾经闻名遐迩。那里现在有几千居民，在塔乌有小飞机往返于该岛和图图伊拉之间。那里还有较好的港口，居民的许多生活用品可通过船运解决。这个小群岛虽然远离主岛，但不少游客仍愿意乘小飞机到此一游。马诺诺和阿波里马虽然小，但历史上却很重要，萨摩亚高级首领多居于此，许多历史事件都发生在这里，众多流血战争也在这里留下了痕迹。如今，这里已物是人非，显得非常落后。马诺诺现有居民一千人左右，没有公路和汽车，但有水电设施。由于淡水有限，居民不得不修建蓄水池接雨水。阿波里马现有居民二百余人，1997 年 4 月以前这里一直没有供电，只有一座灯塔高悬在山顶。这里同样缺少淡水，居民靠雨水生活。该岛只有一条狭窄的通道可以进入，通道四周陡峭，石壁可高达 300 米，构成了一道天然屏障。

三 首都阿皮亚

萨摩亚独立国的首都是阿皮亚。阿皮亚是萨摩亚的政治、经济和文化中心，它位于乌波卢岛北岸。这里面临大洋，海阔天高，日夜都能听到大海的波涛声，景色令人心旷神怡。

阿皮亚市区，街道整洁，商店林立，多为二三层建筑物。市内车少人稀，秩序井然。萨摩亚是个旅游国家，首都有不少旅店，星级宾馆也有几家，内部几乎都有游泳池。据介绍，有一家建于海滨的宾馆，所有房间都面临大海，日观海上潮起潮落，夜伴涛声进入梦乡。这家宾馆设备先进，条件优良，室内卫生设备、冰箱、空调一应俱全。室外还有花园、露天游泳池。按国际标准，其足以达到四星级，但价格并不贵，还包括了一日三餐，游客当然满意。可见萨摩亚人也谙熟薄利多销之道。以薄利招揽更多的客人，也是发展旅游业的明智之举。

阿皮亚的文化教育事业较发达，中小学和中专学校俱全，小学入学率很高。还有一所国立大学及一所南太平洋大学分校。阿皮亚市有一座建于 1902 年的天文台，内设有地磁、气象和地质学馆。市内还有两所医院和一些医务所，绝大多数医生都是萨摩亚人。中国援建的体育馆在阿皮亚很有名气，是各种体育爱好者进行活动和比赛不可或缺的场所。

阿皮亚的对外交通也很发达。距市区 36 公里处有国际机场，这里有波利尼西亚航空公司和太平洋航空公司的航班，每周两次飞往斐济，去奥克兰、塔希提及其他地区也很便捷。在海运方面，阿皮亚海港是首都的海上门户，但此港曾在近一个世纪中一直是一个木结构的码头，直到 1966 年方更新为钢筋水泥结构，并逐步走向现代化。现在，阿皮亚港可停 5.5 万吨以上的巨轮，货运与客运都相当繁忙。中国香港和日本每周有货轮到达，澳大利亚、新西兰也有定期货轮到阿皮亚。阿皮亚同澳、新、汤加、斐济及其他临近岛国也有客轮来往。

到阿皮亚的游客都少不了前往瓦伊利马地区，参观 19 世纪英国作家斯蒂文生的故居。斯蒂文生以其小说《宝岛》蜚声文坛。1889 年，他曾在基里巴斯南部一座偏僻珊瑚礁岛阿比玛玛生活了一年，在那里写出了小说《南方的天堂》。他之后又到了阿皮亚，并在这里走完了人生最后五年的历程。斯蒂文生死后被葬于阿皮亚市郊的一座小山丘上。他的墓前不时有人摆放鲜花。他故居中的客厅，迄今仍然按他生活时的样子布置。人们瞻仰故居时，不难想象作家当时生活中经历的艰辛。他远涉重洋，身处孤岛，苦心创作，令人肃然起敬。由于他在阿皮亚创作的《宝岛》一书闻名遐迩，所以阿皮亚也随同斯蒂文生载入史册。一些文学爱好者和崇敬斯蒂文生并欣赏其作品的人，自然也想到其生活过的阿皮亚参观、感受一番。聪明的萨摩亚人独具慧眼，以当地人对斯蒂文生的昵称"图亚塔拉"（意为写书者、说书者）为名，开设了一家旅馆，以表达对作家的缅怀，同时也以此招揽生意。

第二章

历　史

第一节　民族起源与汤萨战争

一　萨摩亚人的来源

　　萨摩亚人属波利尼西亚人种。关于波利尼西亚人祖先的来源，比较流行的说法有两种，即东南亚说和西南亚说。东南亚说认为，约在4万年前，波利尼西亚人的祖先从东南亚越过分隔东南亚和澳大利亚的巽他海峡和托雷斯海峡来到太平洋中心的萨摩亚群岛定居，成为当地最早的居民。西南亚说称，波利尼西亚人祖先属印度恒河人种，来自西南亚美索不达米亚一带一个叫哈威基的地方。两种说法的共同点是，波利尼西亚人的祖先来自亚洲。波利尼西亚人黄皮肤、黑头发，与亚洲人非常相似，应属黄种人。美国犹他大学考古队在20世纪70年代两次来萨摩亚考察，发现了不少遗址。通过科学分析，遗址距今大约3000年，这说明萨摩亚人的祖先在这里至少已有3000年的历史。

　　关于萨摩亚名字的起源，有一种说法是这样的：岩石和土地结婚以后，土地怀孕了。石头神发现大地的腹部（萨语为"摩亚"）

在蠕动，于是土地生下婴儿后，石头神就将婴儿命名为"摩亚"。石头神命令将婴儿脐带用石头割断，因此就有了割脐带的习俗。接着石头神用水给婴儿洗澡，后来又把土地上生长的所有东西都给摩亚。"萨"意为"专属"，因此其父把这些东西给摩亚就成了"萨摩亚"，经过进一步演变就成了这个地方的名字。还有一个更加流行的传说是：很早以前，有个名字叫鲁的青年开办了一个养鸡场，为了使他的鸡（"摩亚"）免于被盗，便给这些鸡施加了禁制（"萨"），并命令仆人严加看管。不料有一天，从东方岛上来的一群外族人把这些鸡偷走了。鲁很生气，决心要和他们打一仗。鲁紧跟着偷鸡贼们追去，不分青红皂白地砍杀这些外族人，这样一直追到了第九重天界。就在这个时候，这些外族人的神站在鲁的面前说："鲁，可怜可怜他们，饶了他们的命吧。为了报答你的恩情，把我的女儿嫁给你，怎么样？"鲁听了这番话，欣然接受了神的建议。于是他娶了神的女儿，生下了一个男孩，取名"萨摩亚"，以纪念这段奇缘。后来孩子长大了，当上了国王，在萨摩亚群岛行使权力，他的族姓萨摩亚就成了这个群岛的名字。

二　汤萨战争

萨摩亚历史上的第一位女王是 15～16 世纪在位的萨拉马西娜。她年少时由家人做主与塔普马尼亚订婚，但萨拉马西娜对他没有好感。后来，萨拉马西娜爱上了一位名叫阿拉佩佩的求婚者。阿拉佩佩温文尔雅，聪明英俊，两人很快坠入爱河并在丛林中偷吃了禁果。萨拉马西娜之后在压力下与塔普马尼亚成婚，不久生下了一个漂亮的小女孩。萨拉马西娜知道这是阿拉佩佩的孩子，于是给这孩子取名叫佛佛阿伊奥埃塞，意思是"在黑暗的丛林中受孕"。又过了一年多，萨拉马西娜生下一个男孩，塔普马尼亚十分高兴，大摆宴席庆贺。谁知孩子在席间丢失，后来才弄清楚孩子是被阿图阿地区的人抱走的。萨拉马西娜决定让孩子留在那里。现在西萨摩亚四大家族之一的图普阿家族就是萨拉马西娜儿子的后代。作为国王的萨拉马西娜，聪明能干，礼贤下士，关心人民的疾苦，赢得了全萨摩亚人民的拥戴。她认为和平能够带来繁荣和安乐，战争只能导致贫穷和仇恨。在她执政的 40 多年里，从来没有发生过战争。

在萨摩亚早期的历史上，还发生过一场很有名的与邻国汤加的战争。根据传说，大约在 950～1000 年，汤加入侵萨摩亚。初期汤加统治者比较明智，但在 1250 年，新任汤加王塔拉阿依菲依冷酷无情，对萨摩亚人非常残忍，激起民众的强烈不满。于是，图纳和法塔兄弟二人进行秘密串联，号召萨摩亚人起来赶走侵略者。在汤加王生日那天，国王举行盛大宴会。埋伏在周围的萨摩亚人在图纳和法塔兄弟的带领下，对汤加人发动突然袭击，200 多人被当场杀死，汤加王在卫士的保护下来到海边，准备登船逃回汤加。登船前，汤加王对追上来的图纳和法塔说道："马列，托亚……"其意思是"多么勇敢的斗士！你们的仗打得真漂亮！真让我佩服。如果汤加人再来的话，那绝不是为了战争，而是为了友好"。从此汤加对萨摩亚200 多年的统治结束了。

汤萨战争后，人们决定将汤加王逃走时对图纳和法塔的高度评价"马列托亚"作为一个高级头衔授予兄弟二人。在授给谁的问题上，兄弟之间发生争执。经过各方调解，该头衔授予他们的兄长萨维阿。萨维阿在乌波卢中部组成政府，法塔在乌波卢南部海岸任地方官，图纳被任命为军队首长。马列托亚家族最初势力并不大，直到西方人到来后才成为无可争议的皇族。

第二节　原始自治制度

一　家族与马他伊

旧萨摩亚社会是以血缘和家族为基础、以马他伊制度为特征、以传统土地为依托的原始地方自治社会。萨摩亚人的家族包括直系和旁系在内的亲戚，甚至包括寄居者，因此一个人往往同时属于几个家族。差不多每个家族在各区都有自己的成员，家族之间的关系错综复杂。马他伊即酋长，马他伊制度是萨摩亚社会得以运行的重要基础，在政治生活中具有不可替代的作用。马他伊大致可以分为阿里伊和图拉法雷两大类。阿里伊是高级酋长，是某个家族或地区的象征，而图拉法雷是高级酋长下面的代言酋长，高级酋长的一切旨意都由他代而行之。在萨摩亚，每当举行豪华宴会，除了美酒、佳肴、歌舞，还有一项内容不可缺少，那就是代言酋长的致辞。

当丰盛的食物还在地炉里慢慢烘烤，宾客们闻着腾腾热气传过来的香味，虽然垂涎欲滴、心绪不定，但还是得洗耳恭听代言酋长漫长而华丽的发言。在这种场合，酋长只是主持一下仪式而已，其余的内容都由能说会道的人替他讲，这个人在所有重要的场合都代表酋长并维持仪式的完整。

代言酋长站起来，两脚分开，一只手拿着权杖，杖尖触及前方的地上，他在讲话的时候从不移动权杖的下端。他的另一只手放到背后，他的长发垂到颈，一边肩上散披着装饰华丽的成缕的发辫。他就那样站着发言，好像是给大家讲，也像是对个别人谈，他用一些奉承的言语对当地的家族表示敬意。他似乎在不时地把人们的注意力从酋长那里吸引向自己。在他流利的演说中，客人和村民们都被他的奉承弄得飘飘然，以致对明显的夸夸其谈也欣然静听。

代言酋长有些类似现代社会中的节目主持人或公关人员，他代表团体与外界交际，具有极为优美的谈吐、周到大方的举止。但在萨摩亚社会里，代言酋长的地位远远高于主持人与公关人员。他可以享有至高的特权——盖一间仅比酋长少一根顶椽的住屋，也就是说，他的地位仅次于酋长。没有了他，萨摩亚人的政治生活就不能运转，可见语言的运用对萨摩亚政治有多么重要。酋长需要如花妙语来巩固其政治地位和威望，而代言酋长则借此出人头地。谁能够侃侃而谈，谁就能谋取政治地位，政治与语言的紧密关系在太平洋岛屿上体现得最强烈。

马他伊还可分为家族马他伊、地区马他伊和国际级马他伊。家族马他伊头衔的授予是由本家族协商决定的，候选人确定后交村马他伊委员会批准并择日举行授予仪式。萨摩亚历史上曾经出现过四个有影响的地区，从而出现了四个地区级马他伊头衔，每当遇到事关全萨摩亚的事务时，他们就召开会议，集体决策。集这四个地区级马他伊头衔为一体的头衔"塔法伊法"，是权威波及全萨摩亚的最高头衔，拥有该头衔就意味着具备了统治萨摩亚的权威和成为国王的资格。

二 基层社会组织

村是萨摩亚最重要的社会单位，村马他伊委员会是集村立法、司法、行政于一体的权力机构，负责村里的所有活动，讨论共同关心的问题，确定村规村约，解决各家之间的摩擦和纠纷，以及处理肇事者等。马他伊委员会由阿里伊和图拉法雷两种马他伊组成。阿里伊是村里的特权领袖和最高权威，其职责是听取图拉法雷的建议，做出决定并发布指示。图拉法雷是行政执行官员，他们熟知家谱、家史和传说，常常要代表阿里伊发表正式讲话，其职责是执行阿里伊的决策，处理家族内部、家与家及村与村之间的事务。每位图拉法雷各有分工并各司其职。每位马他伊都对各自管辖的成员行使权力。虽然每位阿里伊和图拉法雷的影响力因村因人而异，但职责分工是相对稳定的，二者相辅相成，互为补充。委员会开会时，每位马他伊的位次和发言顺序由头衔的高低决定。阿里伊盘坐在前边突出的位置，图拉法雷盘坐两旁。萨摩亚人在重大事件上具有协商一致的习惯，这既保证了集体的利益和荣誉，又在某种程度上限制了个人权力的无限增大，防止了独裁专断。高级马他伊的个人权威只有在战争时期来不及开会讨论的情况下才能明显地表现出来。马他伊是家庭或家族的代表，冒犯某位马他伊也就冒犯了他所代表的家庭或家族，这不仅影响当事的两个家庭的关系，还会影响相关家族的关系。因此，冒犯马他伊比得罪其他人要罪加一等，处罚更重。轻度冒犯者，通常要向受害者赔食物或正式道歉。对于严重冒犯者，常常处以不同形式的体罚。杀人或与马他伊之妻通奸者常被处以死刑。某位马他伊如果不遵守马他伊委员会的决定，其本人及家人将被驱逐出村，其房屋和庄稼也将被毁坏，这种惩罚比体罚更丢脸，肇事者不得不到亲戚家暂时居住。一般情况下，过上一段时间，等本村里的人怒气消除，被驱逐的家庭向马他伊委员会道歉并送一些表示道歉的食物，取得谅解后便可回村。

旧萨摩亚是以村、次区和区为行政单位的社会自治体系。村和区之间的政治单位是次区，它是由一些相邻的村组成的，这些村常常具有同源性，所以次区具有一定程度的统一性。区是较村更大的政治单位，常常是由有着共同利益或尊奉相同的高级马他伊的几个村联合组成的。区与区之间的边界不像村那样稳定，区政治中心也没有持续稳定的行政权威。由于各大家族的分支遍布各区，每个分支都有自己的土地和头衔，这种纵横交错的联系导致各区之间的关系非常复杂。

第三节　列强觊觎

一　萨摩亚接受基督教

1722 年，荷兰航海家雅克布·罗杰温率领的探险队在绕过美洲南端前往爪哇岛的途中发现了马努阿小群岛。1768 年，法国航海家路易斯·布干维尔在环球航行中发现了图图伊拉和乌波卢，他曾为这些岛屿取名为"航海者之岛"。1787 年，法国探险家佩罗斯率探险队来到萨摩亚海域，他是有史记载的第三个到萨摩亚群岛的航海家。1791 年，英国的爱德华兹船长也对萨摩亚群岛进行了考察。

19 世纪初，白人开始在萨摩亚群岛定居，其中多数是英国流放到澳大利亚的逃犯。这些逃犯因为卷入了萨摩亚内战，受到当地酋长的雇用，所以很快被接纳了。到 1830 年前后，欧洲商人斯托瓦斯和汉金与萨摩亚人建立了最早的两个"欧－萨"家庭。随着太平洋贸易的发展，萨摩亚群岛逐步成为英、德、法等国商船的补给地之一。到 19 世纪 70 年代，西萨已经成为德国在太平洋的商业利益中心。

在欧洲人到来的同时，基督教思想开始在萨摩亚传播开来。在英国传教士约翰·威廉斯 1830 年来到萨瓦伊岛上的萨帕帕里伊传教后，基督教很快被当地人接受了。基督教的传入标志着萨摩亚近代史的开端，在西方人的帮助下，萨摩亚创建了自己的文字，人们开始用本族语阅读和书写。萨摩亚的高级酋长皈依基督教很大程度上是想借助宗教的力量巩固其政治地位。为了扩大自己的影响，一些高级酋长皈依基督教后往往要求或强迫本家族都要信奉，否则就施以惩罚。一个村子皈依某种宗教，常常影响到与之有亲戚关系的村子，新宗教在萨摩亚就是这样传播开的。那么，基督教为什么在短短的几年时间里就在萨摩亚传播开来了呢？一位高级酋长在给威廉斯的信中说出了其中的奥妙："白人的船只像浮在水面的房屋，不论在怎样的狂风暴雨里，都能持续几个月在海上安全航行，而我们的独木舟遇到稍大一点儿的风，就一会儿也支持不了，马上被吹翻。至于衣服，与我们粗糙的树皮布相比，白人从头到脚用的都是美丽而又结实耐用的料子。白人所用的斧头坚固又锋利，而我们的石斧却需要几天的时间才能砍倒一棵树……我们任何人都很愿意把能给予如此好东西的伟大之神作为我们自己的神。"除了萨摩亚人这种功利主义态度外，实际上他们在基督教传入以前，就有改信更加强大神灵的习惯。

二 列强瓜分萨摩亚

由于西方列强的不断干预，19 世纪萨摩亚社会出现了大动荡。1823 年控制局势的雷阿塔瓦去世后不久，其子佩阿征服了乌波卢和另外一些地区。战败地区的居民痛恨佩阿的统治，结果佩阿在游玩途中被打死。1841 年 5 月，莫利继承了马列托亚头衔。1860 年，马列托亚·莫利死后，其同父异母的弟弟塔瓦拉奥和儿子拉乌佩帕都要求继承马列托亚头衔。叔侄两派势不两立，出现了两个马列托亚并存的局面。西方人认为萨摩亚应该效仿夏威夷，结束地方割据局面，建立统一的中央政府。英、美领事鉴于拉乌佩帕所在地区是白人聚居的地方，认为应立拉乌佩帕为国王，但塔瓦拉奥反对。1866 年底，拉乌佩帕的支持者在马塔乌图建立政府，宣布拉乌佩帕是马列托亚家族最高和唯一的马列托亚，并由他出任国王，各区可派代表参加马塔乌图政府。塔瓦拉奥的支持者立即对此做出反应，在穆里努乌建立另一政府。两个对立的政府之间发生了一系列战斗，互有胜负。1873 年 5 月，在英、美的调停和压力下，双方签署停战和约，同意建立以拉乌佩帕为国王的中央政府。8 月，中央政府宣告成立，拉乌佩帕为国王，7 位高级马他伊组成塔伊穆阿委员会即上院，36 位地区马他伊组成法伊普雷委员会即下院。新政府确定了国旗并在美国总统特使斯坦伯格的帮助下起草了临时宪法。西方人之所以建议成立萨摩亚中央政府，是因为他们要建立一个唯命是从的傀儡政府，使其利益得到足够的保护。

　　1875 年，在英、美、德等国的压力下，萨摩亚政府又通过了新宪法，决定由马列托亚家族和图普阿家族的代表组成双国王。但在选举国王问题上出现了严重分歧。在美国总统特使斯坦伯格的影响下，萨摩亚修改了宪法，取消了双王制，改为双王轮流制，任期四年。完成一次轮换后，再举行公民投票决定是否继续这种制度。拉乌佩帕首先出任国王，但国王的权力被大大削弱。这样的妥协得到各方的认可。修正后的新宪法于 1875 年 5 月 18 日正式生效。拉乌佩帕出任国王后的第四天，斯坦伯格便辞去"美国总统特使"之职，就任拉乌佩帕政府总理和首席大法官。新政府的突出特点是斯坦伯格集行政、司法大权于一身，成为萨摩亚的实际统治者。不久，拉乌佩帕国王发现斯坦伯格有为德国谋取利益的嫌疑并告知了英、美领事，于是斯坦伯格被强行驱逐。设在穆里努乌的塔伊穆阿和法伊普雷两委员会对国王签署驱逐令一事非常恼火，在塔马塞塞的领导下废黜了国王拉乌佩帕，王位之争再次凸显。英、美、德三国领事为了各自的国家利益，与萨摩亚不同的派系勾结，挑拨煽动，统一的局面不复存在。

这时候，萨摩亚人逐步意识到欧洲居民对土地的要求是他们面临的最大问题，希望由某大国提供保护。1877 年，穆里努乌派代表团赴斐济试探英国保护萨摩亚的可能性，结果被婉言拒绝。同年，东萨派使者赴美游说，希望能得到美国的保护，也没有成功。美国只希望在图图伊拉的帕果帕果港建立海军基地，并于 1878 年 1 月 16 日在华盛顿与萨摩亚签订条约，条约主要内容是：萨摩亚给予"美国进入和使用帕果帕果港，在那里或港岸上建立煤及其他供应品补给站的特权"。这种特权是排他性的。德、英先后于 1879 年 1 月 24 日和 8 月 28 日与萨摩亚签订了类似的条约。萨摩亚给予德国在萨卢阿法塔港建立海军基地的排他性权利，给予英国在除阿皮亚、帕果帕果和萨卢阿法塔以外的港口建立海军基地和煤补给站的排他性权利。

1879 年 9 月，拉乌佩帕与塔瓦拉奥一度平静的关系再度恶化，战事又起。德国派"俾斯麦号"军舰进行干预，解散了双方的武装并令其达成一致，由塔瓦拉奥出任国王，拉乌佩帕为副国王，搬入穆里努乌。1880 年 11 月，塔瓦拉奥去世后，英、美、德三国领事立拉乌佩帕为国王，原来的政府总理马塔阿法未能按照预想的那样被拥立为王，非常不满，萨摩亚人再次因王位之争发生分裂。领事们拒绝立马塔阿法为王的原因之一是他们都支持属于新教的伦敦公理会，而马塔阿法却信奉当时被排斥的天主教。在英、美、德三国领事和军舰的参与下，1881 年 6 月，对立双方达成协议：立拉乌佩帕为王，塔马塞塞为副国王，马塔阿法为总理。他们还确定了新的国旗。

1884 年德国领事用要挟手段强迫拉乌佩帕签订使萨摩亚几乎丧失主权并沦为德国属地的条约。两天后，忍无可忍的拉乌佩帕在高级马他伊们的支持下给英国政府写请愿信，请求维多利亚女王把萨摩亚置于英国或新西兰的保护之下，拉乌佩帕又给德国皇帝写信声明条约无效。德国不顾英国的抗议采取强硬态度，认定条约是合理和有效的。德国领事强迫拉乌佩帕政府从穆里努乌迁出，并于 1885 年 1 月 23 日在穆里努乌广场升起德国国旗。这些行为遭到英、美领事的抗议。在此期间，德国领事煽动塔马塞塞组成自己的政府，萨摩亚再次出现两派严重对抗的局面。这个新政府虽由德国领事幕后怂恿并得到德国居民的支持，但未获得英、美、德三国政府的正式承认。1887 年 2 月，英、美发表声明确认拉乌佩帕的王位，不承认塔马塞塞政府。3 月 22 日是德国皇帝的诞辰，塔马塞塞以"萨摩亚国王"的名义向德国发去贺电。而拉乌佩帕政府则在庆祝宴会上发言指责德国人不向穆里努乌政府纳税。德国领事要求拉乌佩帕为此事赔款 1.3 万美元并公开道歉，拉乌佩帕予以拒绝。

1887 年 8 月，在德国军舰的支持下，塔马塞塞的部队向拉乌佩帕发起进攻。英、美领事曾经答应支持拉乌佩帕，但此时却未能兑现。拉乌佩帕向夏威夷求援，但援兵未到即被击败。得知德军将大举进攻，为了保护自己的支持者，拉乌佩帕与包括反对派马塔阿法在内的传统领袖进行商议，向马塔阿法交代了善后工作后于 9 月 17 日投降。德国人将拉乌佩帕流放到非洲，后又转到马绍尔群岛。

拉乌佩帕被流放后，德国人认为支持塔马塞塞的人会因此增加，便怂恿塔马塞塞趁机获得塔法伊法头衔。当塔马塞塞宣布自己为塔法伊法并拥有马列托亚头衔时，立即遭到了许多原支持者的强烈反对。马塔阿法也打出了支持拉乌佩帕的旗号，反对塔马塞塞。马塔阿法的行动得到了英、美政府及其侨民的支持。1888 年 9 月，马塔阿法向塔马塞塞宣战，两军在阿皮亚交锋。10 月初，塔马塞塞的军队在德国军队的支持下在阿皮亚登陆，结果以失败告终。10 月 30 日，马塔阿法向塔马塞塞发出最后通牒，要求其无条件接受讲和，被拒绝。与此同时，德国军舰轮番轰炸马塔阿法军队所在地，试图帮助塔马塞塞挽回败局，这激怒了支持马塔阿法的英国和美国。11 月 15 日，英、美、德三国军舰都开到两军对峙的海域。德国海军陆战队在帮助塔马塞塞时与马塔阿法的军队发生遭遇战，结果造成近 60 人伤亡，德国领事恼羞成怒，向乌波卢全岛派出军舰，准备诉诸武力，但再次遭到英、美两国的反对，美国政府的态度尤其强硬。于是，三国火速派军舰到阿皮亚港集结待命。正当双方剑拔弩张、战争一触即发之时，1889 年 3 月 16 日凌晨，一场飓风突然袭击了萨摩亚。飓风虽然给萨摩亚带来了很大的经济损失，但却阻止了列强之间大动干戈。

飓风之后，美、英、德三国签订《萨摩亚事务会议总协定》，决定让仍在流放中的拉乌佩帕任国王。在三大国的支持下，拉乌佩帕于 1889 年回国出任国王，他批准了这个协定，但成了三大国的傀儡。此时，马塔阿法得到了大多数人的支持，成了公认的实际国王，但他没有取得德国人的支持，而英、美则既不接受塔马塞塞也不支持马塔阿法。在这种情况下，三大国再次达成妥协，确认拉乌佩帕为国王。1891 年 5 月，马塔阿法搬入马列，两个政府对峙的局面再次出现。1893 年，双方战争再起。拉乌佩帕在英、美的支持下打败了马塔阿法，马塔阿法及其随从于 1894 年被流放到马绍尔群岛。1898 年，在向三大国保证不影响萨摩亚和平之后，马塔阿法获准回国。此时，拉乌佩帕刚刚去世，三大国领事对马塔阿法的返回深感不安，担心人们再次立他为王。果然，马塔阿法刚在穆里努乌安定下来，其支持者就要求立他为王。拉乌佩帕的儿子塔努马菲利继承了拉乌佩帕的马列托亚头衔，首席大法官决定由塔努马菲利出任国王。马塔阿法及其支持者不服从这个判决，并于 1899 年 1 月用武力将塔努马菲利逐出阿皮亚，建立了临时政府。5 月，三大国政府派遣了一个联合委员会临时管理萨摩亚。该委员会命令各派上缴所有的武器，并强令各方接受塔努马菲利为国王。

马塔阿法在愤慨和失望之余，代表萨摩亚人民给三大国写了一封信，呼吁列强将少数用心不良的白人赶出萨摩亚，结束他们的不良影响，以使这个国家获得和平和安宁。他在信的末尾说："我满怀信心和信任地呼吁德皇陛下：在这些艰难和充满麻烦的年代中，你和你的政府一直是我和我的人民的真正坚定的朋友。我呼吁美国总统麦金莱和美国政府：这个伟大的国家对萨摩亚一直非常友善，在过去的年代里，在我们处于危险和苦难的时候给予了帮助和力量。我呼吁英国维多利亚女王陛下和英国政府：世界皆知，女王为人慈善，人情味浓，英国政府一直在各国济贫助弱。"三大国的联合委员会不久让塔努马菲利辞去了国王职务，废除了萨摩亚的王位，任命了由三国领事组成的新政府。

1889 年的《萨摩亚事务会议总协定》并没有消除英、美、德三国的激烈竞争，萨摩亚社会依然动荡。1898 年，德国建议英、美、德三国瓜分萨摩亚，遭到英、美的反对。后因英国在与布尔人的战争中连遭失败，德国借机就萨摩亚问题向英国施压，英国政府才做出让步，于 1899 年 11 月 14 日与德国达成协议。12 月 2 日英、美、德三国在华盛顿签署了关于和平解决萨摩亚群岛问题的《柏林条约》。其内容如下：

第一条

1889 年 6 月 14 日上述三大国缔结并签署的有关萨摩亚的总协定及此前与萨摩亚有关的所有条约、公约和协议废止。

第二条

为了美国的利益，德国放弃对萨摩亚群岛中位于西经 171°以东的图图伊拉及其他所有岛屿的权利和要求。

同样，为了美国的利益，英国放弃对萨摩亚群岛中位于西经 171°以东的图图伊拉及其他所有岛屿的权利和要求。

作为对德国的回报，美国放弃对萨摩亚群岛中位于西经 171°以西的乌波卢和萨瓦伊岛及其他所有岛屿的权利和要求。

第三条

在可以对任何一国商业开放的所有港口，每个签约国在萨摩亚群岛所有岛屿的商业和商业船只继续享有与拥有主权的一方同等的特权和待遇。

第四条

兹公约将尽快批准，各方批准后立即生效。我们各位全权代表兹签署本公约，并盖章。该条约 1899 年 12 月 2 日签署于华盛顿，一式三份。

在谈判过程中，各方进行了妥协和交易。德国在西萨经营许多种植园，利益最大，因此西萨划给德国。而美国最大的利益在东萨，它要在东萨帕果帕果港建立海军基地和煤等补给品供应站，因而将东萨划给美国。英国把其在西萨的权益让给德国并不是无条件的，作为对英国的回报，德国撤回其对汤加和纽埃的所有要求，将德属所罗门群岛的一部分让给英国，而且还承认了英国在非洲的要求和权利。

三　德国对萨摩亚的治理

1900年2月，德国正式宣布西萨为德国的保护国，并于3月1日在穆里努乌升起了德国国旗，从此西萨的正式名称便为"德属萨摩亚"。在升旗仪式上，德国宣读了德皇威廉二世的信件："为祖国献身的德国士兵倒下和埋葬的地方及德国鹰旗的鹰爪所到的地方，都是德国的土地，德国人将在那里存在。"这标志着德国将西萨划为自己的版图。

德国吞并西萨后，任命当时萨摩亚临时政府行政长官威廉·索尔夫为首任总督。索尔夫是位能力很强的人，他思维敏捷，行动果断，熟悉萨摩亚文化，对萨摩亚人的态度变化和舆论反应比较敏感。索尔夫在就职演说时表示，他将按照萨摩亚风俗来治理萨摩亚，同时，萨摩亚人必须承认德国皇帝是他们的最高君主，必须接受德皇的代表即总督在萨摩亚行使职权。索尔夫认为，萨摩亚人是需要进行教育和指导的大孩子，要对这里的风俗习惯和法律机构进行更详细的研究，以便逐步转变萨摩亚人的生活方式和观念。

索尔夫上任后，采取了一系列措施来巩固其统治地位。首先，他解除了萨摩亚人的武装，到1901年初，共收缴枪支1500件。其次是解决王位继承问题。为了避免社会动乱，他宣布在萨摩亚德高望重的马塔阿法为至高无上的马他伊，负责行政管理事务，总督的命令通过他传达给萨摩亚人。同时还成立了主要由四大家族成员组成的管理委员会，来稳定萨摩亚社会。

索尔夫政府的行政管理机构"马洛"设在穆里努乌，马洛下面还设立了地区行政机构。索尔夫从每个地区选择最有影响的马他伊作为本区的代表，并为每个村任命了一些代表。村代表的责任是执行村规民约和维持村里的社会治安。然而，索尔夫执政不久就发生了粗暴干涉萨摩亚传统文化的事件。

1901 年，马塔阿法家族准备按照萨摩亚传统在阿马伊雷举行仪式确认马塔阿法被授予"阿里依西利"（即高级酋长）称号，并向所有重要马他伊赠送席子等传统礼品。索尔夫获悉后，认为这样做是宣扬传统权威，会给人留下马塔阿法就是国王的印象，于是指示马塔阿法在政府所在地举行，而且每个区参加的人数和级别要一样，并且代表们在接到礼物后要马上离开。马塔阿法只好依令而行，他在仪式上发表讲话，宣称他的称号是德国皇帝授予的。这种做法是对萨摩亚传统的极大侮辱，因为根据萨摩亚文化传统，至高无上的称号只能由传统权威机构图马－普雷授予。

1903 年 2 月，德国殖民当局成立土地与头衔委员会，以解决土地与头衔争端，委员会成员全部是西方人。但是，按照萨摩亚传统，土地与头衔纯属当地的内部事务。为了平息不满，索尔夫为该委员会任命了一个萨摩亚顾问小组。

1904 年，包括部分马洛（萨摩亚行政管理机构）成员在内的萨摩亚人开始与索尔夫公开对抗，索尔夫也对马洛失去信心。

1905 年 8 月 14 日，索尔夫召开会议，宣布德国将行使一切权力并成立了由 27 个成员组成的新委员会取代原来的马洛。索尔夫还要求新委员会成员待在本村处理村务，不再让他们留在穆里努乌。这样，传统权威图马 - 普雷的权力在政府中虽然进一步被削弱，但在地方的权力却在加强，所以这种政策变动并没有遭到多数人的反对。至此，索尔夫的家长式统治正式形成。1911 年，索尔夫离开萨摩亚，后升为德国殖民秘书。1912 年，舒尔兹出任萨摩亚总督。

在经济发展方面，索尔夫认为萨摩亚太小，而且远离德国，即使将西萨的土地全部开发出来，对德国而言仍是微不足道的。但随着泛德殖民运动在全世界的发展，德国政府强调所有的殖民地要服务于德国，德国的种植园主更希望开发萨摩亚。1901 年，德国后备役军人里查德·迪肯写了《你好，萨摩亚》一书，对萨摩亚进行了富有浪漫色彩的夸张描述，这更加引起了德国人的开发兴趣。迪肯介绍说，萨摩亚是发展小型种植园的天堂，只要投入少量资金，就可以获得丰厚的利润。这本书在德国很受欢迎，对一些希望来萨摩亚开发种植园的人起到了一定的推动作用。索尔夫不同意迪肯的观点，他认为大规模种植园是西萨经济发展的基础，只有大规模种植才能获利，试图依靠小型种植园创造财富的人最终不可避免要贫穷，这样将会降低德国人在萨摩亚的声望。因此，索尔夫极力支持垄断性的大公司，在获得土地和招募劳工方面给予其优惠。而对多数小种植园主，由于他们大多已在萨摩亚成家立业，如果让他们获得更多土地有可能卷入当地的政治纷争，给当局带来麻烦，所以他不鼓励小种植园经济的发展。

索尔夫只鼓励大种植园的政策使他和小种植园主之间的矛盾不

断加深，小种植园主怨声四起，迪肯更是冲在前面，强烈反对索尔夫的政策，这引起了德国政府的关注，索尔夫不得不回国解释其在萨摩亚的政策。他的观点最终得到了德国政府殖民办公室的支持。索尔夫鼓励大企业、不支持白人定居的经济政策成为德国当局殖民政策的样板。

德国殖民主义者对当地习俗和首领的忽视，终于激起了萨摩亚居民的反抗。1905 年，图马－普雷的发言人、萨摩亚政治中的著名代言人纳穆劳乌卢·拉瓦基·莫牟埃，总结了萨摩亚人反对德国殖民政府的一些意见：（1）马他伊失去了在萨摩亚政治中代表家族权力的地位。而在德国殖民之前，萨摩亚的行政权威由马他伊分享，他们有权参与制定治国规章。（2）外国当局监禁或威胁萨摩亚人是错误的。（3）萨摩亚人应当参与民族发展的各个方面，不应该像德国殖民政府规定的那样被排除在外。莫牟埃反对德国殖民统治的意见得到了许多萨摩亚领袖的支持，于是开始了"马乌普雷"运动，即反对德国行政当局统治的"普雷的观点"运动。该运动的支持者开始不再向马洛交税，而向"马乌普雷"交税。不久莫牟埃得到了萨摩亚许多地区的支持，对德国殖民当局进行抗争。1908 年初，"马乌普雷"运动的领导人商定向总督提出请求，内容包括提高阿里依西利的地位，扩大其职能；政府的一切命令除总督签署外，还要有阿里依西利的签字；图马－普雷的传统政治作用应得到承认。由于有些地区不支持，特别是某些马洛成员的反对与阻挠，"马乌普雷"运动未能达到预定的目的，但莫牟埃等人依然没有放弃自己的努力。莫牟埃在给索尔夫的请愿书中指出：马塔阿法是萨摩亚人的代表，是他们尊严的象征，德国殖民当局应当给予其更多的尊重；四大家族均应住在穆里努乌，以此来确保萨摩亚政府的权威；在重要的政府文件上应同时出现索尔夫和马塔阿法的签名；德国殖民政府应该负责萨摩亚人的支出；萨摩亚应尽可能获得完全独立。由于莫牟埃不肯向德国殖民政府妥协，1909 年 3 月，德国军舰到达萨摩亚，莫牟埃和另外 9 名酋长被捕，同时被捕的还有他们的家人。随后他们被流放到德国在太平洋的另一殖民地马里亚纳群岛的塞班岛。"马乌普雷"运动至此结束。

四　新西兰管理萨摩亚

新西兰原是英国的殖民地，后来由于民族主义运动的兴起，获得内部自治。它害怕母国英国的敌对国德国在萨摩亚的影响超过英国，对自己构成威胁，因此希望母国英国占领包括萨摩亚在内的所有太平洋国家。英国也正是基于这种考虑在 19 世纪末将库克群岛和纽埃吞并给新西兰。但由于种种原因，英国当时没有同意新西兰关于占领萨摩亚的请求。

20 世纪初，欧洲大国尤其是英德之间展开了激烈的军备竞赛，争夺殖民地的斗争愈演愈烈。第一次世界大战爆发后不久，英国用加急电报通知新西兰占领德属萨摩亚。新西兰接到英国的指令后，很快就派洛根上校率领包括军官、技术人员和医疗人员在内的 1413 人的新西兰远征军，开赴德属萨摩亚。8 月 29 日上午，洛根率领的远征军在护卫舰的陪伴下到达萨摩亚，并致函德国行政当局，要求他们无条件投降。远征军在没有遇到任何抵抗的情况下，兵不血刃地在西萨顺利登陆，于当天下午占领了德国行政当局的总部，降下了德国国旗。西萨摩亚成了第一个被协约国从同盟国手中夺回的殖民地。8 月 31 日新西兰在西萨升起了母国英国的国旗，开始了对西萨的暂管时期。

西萨摩亚德国行政当局投降后，洛根签署公告，宣布建立以他为首的萨摩亚军政府。所有德国官员被驱逐，包括总督在内的德国重要人物以战犯身份被带到新西兰囚禁起来。允许一些德国公民选择留在萨摩亚或被遣返回国，但返回德国的人只能带回少部分钱财和衣物，大量的财富被迫留下。萨摩亚军政府对德国人在此建立起来的政治组织没有做任何变动，也保留了德国人制定的大多数法律和政策。有些萨摩亚低级官员要求保留职位，军政府也接受了。对欧洲人的民事和刑事审判由区法院管辖。在影响到萨摩亚人的民事和刑事案件方面，1915年2月18日公布了一个条例，为土著建立了一个负责民事和刑事事务的法院。在这个法院，土著既可以作为民事案件的被告，也可以作为刑事案件的被告提起上诉。该法院不受理土著作为原告起诉其他土著或欧洲人的初审案件，两名欧洲人被任命为法官。除了有关土地与头衔的问题外，该法院有权听审和裁判欧洲人对萨摩亚人提起的任何民事主张。刑事审判则由警察署长在始发地审理，但可以上诉到该法院。该条例也规定了一个对行政长官的有限上诉权。

军政府时期最重大的事件是1918年的大流感。1918年11月7日，来自奥克兰的载着一批肺炎流感患者的船只经斐济抵达阿皮亚。由于军政府当时没有采取任何检疫措施，流感在西萨摩亚迅速蔓延。洛根本人也走村串户，送药送食品，但拒绝东萨摩亚总督提出的派医疗队协助的建议，还关闭了与帕果帕果的通信渠道，当地群众采取的救援行动又被阻止，结果导致西萨摩亚8500多人死于这场泛滥全世界的流行性感冒，死亡人数占当地人口的22%，占比情况居世界首位（据记载，当年新西兰死于流感的人数不到总人口的0.5%）。而且更多的人虽然没有被病魔夺去生命，但也重病无助。向来注重葬礼的萨摩亚人，第一次眼睁睁地看着自己死去的亲人和好友被草率地抛进集体坟墓。

洛根军政府的无能在此次流感事件中表现得尤为突出，萨摩亚人和当地欧洲居民对洛根政府极其不满，人们起草了一份请愿书，要求美国政府接管西萨摩亚。1919 年，洛根回国。罗伯特·瓦尔德·泰特上校被任命为西萨摩亚行政长官。

1919 年 1 月巴黎和会召开，国际联盟在没有征求西萨摩亚人意见的情况下对新西兰的关于萨摩亚前程的方案进行磋商，最后同意由新西兰托管西萨摩亚。这一方案遭到了新西兰工党议员荷兰德的强烈反对，他倡议让西萨摩亚在国际监督下实行内部自治。但大多数新西兰政治家认为萨摩亚对新西兰具有战略意义，托管西萨摩亚能够提高新西兰的国际地位，因此支持以国防部部长詹姆斯·艾伦为代表的托管西萨摩亚的意见。西萨摩亚人知道这个消息后非常失望，但又无可奈何。

1920 年 5 月 1 日，新西兰通过了《萨摩亚宪法草案》，其基础是新西兰宪法。《萨摩亚宪法草案》为新的行政当局提供了法律基础，剥夺了萨摩亚传统权威的作用，将权力集中到了行政当局手中，在萨摩亚议会中给当地欧洲人相当少的席位，萨摩亚人在政府中甚至只有顾问作用。当一批新西兰政客于 1920 年访问西萨摩亚时，遇到了来自各方的抗议。法伊普雷（萨摩亚下院）要求从法律上承认其在政府中的作用，承认其立法权、在当地的财政权及其在新西兰议会中的代表权等。西萨摩亚人的某些要求最终得到了满足，如恢复招募华工等。1920 年 12 月，国联理事会正式确认由新西兰托管西萨摩亚。

1922 年 4 月 1 日，《萨摩亚法案》生效，其与前述《萨摩亚宪法草案》在内容上大同小异，这一法案直到 1962 年西萨摩亚独立前，一直是西萨摩亚的基本法。

西萨摩亚自 1921 年起由军政府治理改为民政统治，其主要目标是改善当地居民的福利。新西兰优先考虑的是萨摩亚的医疗卫生问题，建立了一些卫生设施。但新西兰政府规定在海外托管地当局任职的官员应保持中立，不要受当地政治的影响，加上种族歧视，新西兰官员也不愿把自己卷入萨摩亚社会、半欧洲人社会，或者与他们通婚。正因为这种态度，新西兰行政当局官员对西萨及其人民了解甚少，而当地政府没有任何权力参与政策的制定，他们只能执行新西兰行政当局制定的政策。当时萨摩亚有 3 位法乌塔乌即顾问、31 位代表各个区的法伊普雷、14 位土地专员和 16 位种植园监督官、29 名警察和 29 位法官。与此同时，新西兰行政当局于 1922 年通过了《萨摩亚罪犯条例》，剥夺了萨摩亚马他伊委员会将触犯法律或惹是生非者驱逐流放的权力，而将之转给行政长官掌握，行政长官可以用取消马他伊头衔的方法来惩罚违纪的马他伊，目的是强迫萨摩亚地方当局服从新西兰行政当局强加给各区各村的规章制度。1921 年至 1926 年，有 53 个萨摩亚马他伊遭到流放并丧失头衔。

西萨摩亚各村对这些规章制度非常痛恨，对新西兰统治者家长式的独裁统治，尤其是其削弱萨摩亚头衔的权威和权力的做法深恶痛绝。1926 年，第二任行政长官理查森建议用现任马他伊任命继任者制度取代古老的马他伊选举制，对此，连忠诚于他的法伊普雷也表示反对。西萨摩亚人的反新西兰情绪高涨。

欧洲人和半欧洲人的不满情绪也在发展。新西兰行政当局所建立的立法委员会只给当地的外来居民 4 个代表席位，而且最初还是由行政长官任命而不是通过他们自己选出的。这一时期，混血后裔们在他们的身份究竟应该划为欧洲人还是半欧洲人问题上与当局的冲突不断。他们很愿意被划归欧洲人，以便能享受许多萨摩亚人所不能享受的权利。同时，他们具有萨摩亚血统又在萨摩亚长大成人，自然对萨摩亚人有特殊的感情。半欧洲人也憎恨新西兰官员对他们及娶了萨摩亚妻子的全血统欧洲人所表现出的傲慢态度。许多半欧洲人知名人士觉得，他们同时了解欧洲和萨摩亚文化，而且其中一些人已经成了商人和种植园主并取得了成功，因此应在政府中起更大的作用。一些欧洲居民也认为让对西萨摩亚了解甚少的新西兰官员拥有如此大的权力是错误的。

第二次世界大战爆发后，欧洲各国都受到了法西斯德国的威胁。出生于西萨的德国公民和居住在萨摩亚的德国人被逮捕。新西兰当局成立了由新西兰人和具有英国血统的萨摩亚人组成的防卫力量，并派人赴欧洲参战。1941 年 12 月 7 日，日本挑起了太平洋战争，萨摩亚成了日本侵略的潜在目标。1942 年 1 月 11 日，一艘日本潜艇袭击了帕果帕果港。西萨领袖们担心与日军的任何对抗将导致日本对萨摩亚人的报复，便敦促新西兰当局解散有限的防卫力量。1942 年 3 月 24 日，美国海军陆战队士兵在阿皮亚登陆，几天后又有几百名美国士兵登陆，并建立了空军基地。实际上，西萨已被美国人占领。新西兰当局的法律随着美国人的到来便无法维持，西萨不得不实行宵禁。美国军队的存在也为西萨带来了短暂的经济繁荣，1943 年下半年，美国军队转往他处，这种繁荣随之消失。从 1914 年占领西萨到 1962 年西萨独立，新西兰统治西萨达 48 年之久。在近半个世纪中，新西兰在西萨先后派遣了 9 位行政长官。尽管这些人的管理才能和方式各不相同，但有一点是共同的，那就是他们始终把新西兰的利益置于萨摩亚利益之上。在这恩恩怨怨的几十年里，新西兰也确立了与萨摩亚的特殊关系。

1926年，由萨摩亚领袖领导的代表土著利益的政治组织开始形成，正式定名为"奥雷马乌"，即"萨摩亚政治联盟"，简称"马乌"。该组织宣布其目标为促进萨摩亚的进步，并不时向新西兰行政当局提交关于西萨政府的问题。马乌成立了以图普阿·塔马塞塞·里亚洛菲第三为首的中央委员会。除法雷阿里利和马瑙瑙两地区外，每个地区都有代表。这两个地区及图阿马萨加部分地区的多数领袖仍对新西兰行政当局效忠。四大家族中的马列托亚和马塔阿法家族不是马乌运动的强大支持者。

1927年6月2日至11日，新西兰内政部部长诺斯沃斯访问萨摩亚，他不仅没有接受马乌运动领袖O. F.尼尔森等人的建议，还授权行政当局对惹是生非的当地欧洲人和半欧洲人进行驱逐。内政部部长离开西萨后，行政长官理查森便下令解散马乌，对不服从政府或法伊普雷的人采取了流放和剥夺马他伊头衔政策，对继续干预土著事务的非萨摩亚人实施遣返。结果，马乌组织的反政府情绪更加高涨，并取得了很大的对政府控制权。马乌组织还借用理查森当初对抗当地欧洲人的政治主张"萨摩亚人的萨摩亚"，并赋予"不受新西兰控制的萨摩亚"这样的新内涵，以此来对抗理查森政府。为了达到"萨摩亚人的萨摩亚"这一目标，马乌运动发展成了与新西兰行政当局进行和平有序对抗的不合作运动。主要行动有：不参与行政当局建立的委员会、理事会的会议，各村不理睬来访的新西兰官员，争议各方不到法院去解决争议，家长把孩子从政府学校中叫回，多数村不理睬行政当局强加的一些规章制度，不向行政当局纳税，为马乌募捐，在游行或集会等场合支持者身穿印有马乌组织紫白标志的制服等。不久，马乌主要领导人尼尔森和《萨摩亚卫报》主编 A. G. 史密斯分别被流放新西兰 5 年和 2 年。在随后的斗争中，又有 400 多名马乌成员被捕。尽管如此，到 1928 年，马乌仍然组织完好，且在各区都有其行政机构。

经过几年的和平对抗，1929 年 12 月 28 日终于发生了暴力事件，即"黑色星期六"。被流放的马乌领袖史密斯、格尔和霍尔·斯克尔顿结束流放，从新西兰经帕果帕果港回西萨。马乌成员不顾警方的警告，分几路在阿皮亚举行 3000 人参加的和平游行欢迎活动，结果遭到警察的血腥镇压。塔马塞塞等 11 人死于"黑色星期六"，另有 50 多人受伤，其中包括图伊马列里伊法诺和法乌穆伊纳。新西兰的暴力行为导致马乌最后宣布萨摩亚要摆脱新西兰的统治，争取独立，实行完全自治。

20 世纪 30 年代初，新西兰政府宣布马乌组织是煽动机构并派军队前来镇压。所有的男人都躲进山林。塔马塞塞的遗孀阿拉伊萨拉和罗萨贝尔·埃德斯·尼尔森、图伊马列里伊法诺及法乌穆伊纳的妻子等萨摩亚妇女勇敢地接过受到围剿的马乌男人们的重担，继续在阿皮亚举行游行示威，进行鼓动宣传。

1933 年，马乌领袖们继续组织全国性的游行示威，继续到各区各村建立组织。刚从海外回到萨摩亚不久的罗萨贝尔·埃德斯·尼尔森以参与煽动活动的罪名被捕，被判处在新西兰监禁 8 个月，然后流放 10 年。另有 14 名马乌成员被判处 1 年以下有期徒刑。马乌的支持者们至此才清楚个别萨摩亚领袖向警察提供了马乌活动的信息，所以新西兰统治者才对马乌的活动了如指掌。

1935 年，马乌领袖们的意见分歧越来越大。法乌穆伊纳等人不同意关于马乌建立自治政府和行政机关的建议。有的人认为应该由图马－普雷行使马乌的政治权威，有的人认为应该建立一个像新西兰计划建立的那种现代的集权政府，但应由萨摩亚人控制。1936年，原本支持马乌运动的新西兰工党上台执政。新政府承诺对萨摩亚采取更加合作的态度，撤销了前政府加给马乌的煽动机构的罪名，并释放了尼尔森等人。同年 6 月，新西兰派由土地部部长弗兰克·兰斯顿率领的友好代表团访问西萨，受到了马列托亚、法伊普雷及马乌领袖们的热情接待。该代表团在西萨待了一个月，讨论新西兰与西萨新关系的基础及改革萨摩亚行政机构的诸多建议。新建议包括：取消允许行政长官流放萨摩亚人及剥夺他们头衔的《萨摩亚犯罪条例》；将立法委员会中萨摩亚成员的名额由 2 个增至 4 个；建立财政委员会；选举新的酋长委员会或法伊普雷；在最高法院任命一位萨摩亚副法官处理与萨摩亚人有关的案子；在公务机构雇用更多的萨摩亚人。

虽然这一让步离马乌要求自治的最终目标相差很远，而且有些只是表面上的变化，但它既表明了新西兰方面的友好姿态，也的确解决了当时存在的最大问题，这是马乌的胜利。新行政机构承认了马乌领导人的合法地位，法伊普雷 39 个名额中，有 33 个为马乌成员所有。马塔阿法死后，89 岁的图伊马列里伊法诺被任命为顾问，马乌主席马塔阿法·费阿美·法乌穆伊纳·穆里努乌第一被任命为警察监督官。由于法伊普雷委员会有权任命立法委员会成员，所以马乌几乎控制了行政机构，历时 10 年之久的马乌运动至此结束。马乌运动的影响是极其深远的，第二次世界大战后西萨的自治以及后来的独立和现代宪政体制，在很大程度上都是马乌运动的积极成果。

第四节　西萨独立

一　拟订独立宪法

联合国成立后，托管委员会负责分配各大国的托管地，并对战败国控制的领地重新进行分配。联合国托管委员会将西萨列为没有能力行使完全独立权力因而需要在国际监督下实行内部自治的领地，让新西兰托管西萨摩亚。在未与西萨商议的情况下，新西兰与联合国托管委员会签订了托管协议。西萨人对托管安排非常不满，应萨摩亚人独立的要求，新西兰内政部助理秘书长福斯·沙纳汉作为总理特使于1946年底访问西萨，向西萨说明新西兰托管的目标是让其最终实现自治或独立。在这样的情况下，西萨才接受了让新西兰托管的决定。1946年12月13日，联合国大会批准了新西兰对西萨摩亚进行托管的协议。东萨归美国政府所有，不属于托管范围，因此联合国对东萨问题无权过问。

1947年3月，西萨向联合国托管委员会递交了请愿书，请求联合国派代表团到西萨考察并表明西萨接受托管的条件和要求。联合国考察团访问期间，萨摩亚人提出了关于立法委员会组成、当地人进入公务员队伍、不动产公司土地的归属等的多项建议。在联合国考察团的努力下，西萨与新西兰行政当局经过艰苦磋商，达成妥协，通过了1947年《萨摩亚修正法案》，主要内容有以下几项。

（1）新西兰行政长官被指定为高专即高级专员，由"西萨摩亚政府"取代"西萨摩亚行政机构"。

（2）国务院由高级专员和萨摩亚顾问马塔阿法·法乌穆伊

纳·费阿美·穆里努乌、图普阿·塔马塞塞·米亚奥雷第二和马列托亚·塔努马菲利第二4人组成。

（3）立法委员会更名为立法议会，对议会成员名额分配做出了明确规定。

（4）立法议会有广泛立法权，但高级专员对其拥有否决权。高专主持立法议会并拥有投票权。立法议会的权力不包括国防和外交事务。

（5）1922年《萨摩亚法案》的宪法部分依然有效。

这样，该法案从法律上用"西萨摩亚政府"取代了原来的"西萨摩亚行政机构"，原来的新西兰总督改称"高专"，这标志着西萨将走向自治。因此，1947年《萨摩亚修正法案》被认为是西萨走向自治的里程碑。

《萨摩亚修正法案》于1948年3月10日生效。6月1日，新的萨摩亚国旗与新西兰国旗同时升起，这个日子标志着旧时代的结束和新时代的开始，对西萨人而言具有划时代的历史意义，是他们心中的国庆日，这就是后来西萨把6月1日作为独立日的历史渊源。

1949年2月，盖伊·里查德逊·波尔斯接替沃尔克担任高专，他以善于处理民事著称，在他任职期间萨摩亚没有出现大的社会动荡，他被认为是领导萨摩亚实现自治的恰当人选。

二　新宪法的出台

1954年11月10日至12月22日，根据盖伊的建议，西萨召开了宪法委员会成立会议，通过了如下决议。

（1）取消法伊普雷委员会和议会并存的结构，建立由议长主持立法议会。

（2）四大家族各自的最高头衔马列托亚、塔马塞塞、马塔阿法、图伊马列里伊法诺的拥有者有资格竞选元首。

（3）决定图普阿·塔马塞塞·米亚奥雷第二和马列托亚·塔努马菲利第二为终身双元首，取代高专的职能。

（4）由图普阿·塔马塞塞·米亚奥雷第二和马列托亚·塔努马菲利第二任宪法委员会双主席，宪法委员会下设工作委员会和指导委员会。

（5）宪法委员会在慎重考虑了各方面意见的基础上，决定于1960年成立独立政府。

（6）议会中2/3多数通过不信任案可以迫使内阁下台。

（7）赋予元首接受或拒绝总理建议的权力。

（8）新一届议会必须在大选之后45天内召开首次会议。

1955年新西兰政府接受了上述决定，1957年西萨通过《萨摩亚宪法修正案》，重新界定高专的职能，实行内阁制，由总理和8名部长组成内阁，萨摩亚议员人数增加到41人，从41个选区的马他伊中选出，每个马他伊有一票选举权。1959年成立自治工作委员会，拟就与实现自治有关的所有问题进行讨论并做出临时决定。10月1日，《萨摩亚宪法修正案》生效后，西萨举行了首次从议员中选举总理的大选。马塔阿法·法乌穆伊纳·费阿美·穆里努乌第二当选总理，托菲劳·埃蒂·阿莱萨纳等被任命为内阁部长。费阿美·马塔阿法·法乌穆伊纳·穆里努乌第二在任农业部部长时就给人们留下了很好的印象，显示出政治领袖的风范，他能言善辩，举止适当，有效地领导了国家发展，赢得了人们的信赖。

1960年1月，宪法起草委员会开始工作。起草宪法最难的问题是关于萨摩亚人的基本权利以及马他伊的权利与义务问题。经过各方讨论磋商,委员会就有关宪法的一些基本问题达成一致:实行英国议院式宪政体制,由国家元首行使相当于英国女王的权力;实行内阁负责制;任何修宪议案,二读和三读之间应有90天的期限,三读时需要有2/3多数通过才能生效。1954年宪法委员会曾决定图普阿·塔马塞塞·米亚奥雷第二和马列托亚·塔努马菲利第二为终身双元首,但未规定继任者的期限。新宪法草案明确规定,终身双元首之一逝世后,另一位将单独担任元首之职。两个终身元首死后,应由议会选举单一元首,任期五年,同时成立至多由三人组成的副元首委员会,在元首因种种原因不能履行职责时代行其职。具有皇家头衔者有资格竞选元首或副元首委员会成员之职;如想参与日常政治活动,必须宣布不竞选元首或副元首之职。

在选举权问题上,新宪法草案还废除了"萨摩亚人"和"欧洲人"的法律界定。无论是谁,只要由马他伊代表其权利,他就被划为"萨摩亚人",否则就是"欧洲人"。这样,参选者就被分为两类,一类是人口近六千的当地"欧洲人",另一类是人口约十万的"萨摩亚人"。"萨摩亚人"的权利由注册马他伊代表,按照马他伊选举制行使,即只有具有马他伊头衔的人才有选举和被选举权。而"欧洲人"则以个人身份参加选举。被划为"欧洲人"的居民代表在议会中占有席位的多少,由元首任命的选举委员会根据参选人数的变化每五六年审定一次。新宪法草案还规定,应根据萨摩亚的风俗习惯及与之有关的法律授予马他伊头衔,萨摩亚人的传统土地要受到保护,不允许转让。

独立后的国名定为"西萨摩亚独立国",议会的活动及与其工作有关的所有文件应同时使用萨摩亚语和英语。1960 年 5 月，成立了新的宪法委员会，其目的是实现"萨摩亚人的萨摩亚"的奋斗目标，新宪法于 1960 年 10 月 28 日通过。

1961 年 5 月 9 日，在联合国相关委员会的监督下，萨摩亚进行了一场关于新宪法的民意测验，测验包括两个问题：①你是否同意宪法委员会于 1960 年 10 月 28 日通过的宪法？②你是否同意西萨据此宪法于 1962 年 1 月 1 日独立？民意测验的结果是：大多数萨摩亚人对上述两个问题持肯定态度。

1961 年举行大选，穆里努乌第二以压倒优势当选总理，成为独立后的首任总理。

三　改国名为"萨摩亚独立国"

1997 年 4 月，托菲劳总理在议会提出，西萨在 1976 年加入联合国时登记的名字是"萨摩亚"，因此建议将"西萨摩亚独立国"中的"西"字去掉，改称"萨摩亚独立国"。东萨的面积只有西萨的 1/15，况且是美国的领地，因此真正代表萨摩亚民族的应该是西萨。东萨对西萨改国名不持异议。

1997 年 7 月 2 日，西萨议会就改国名事宜进行投票表决，结果以 41 票对 1 票通过。4 日，国家元首签字生效，从此"西萨摩亚独立国"的名称被"萨摩亚独立国"所代替，也简称"萨摩亚"。为了表达上的方便，有时人们仍用西萨概念与东萨进行区分。东萨每年依靠美国大量的财政支持，人们的生活水平较高，因此目前并不愿意并入西萨，西萨人也没有与东萨合并的愿望。

美国当初要东萨是看中了帕果帕果港可以作为它在太平洋的军需补给地，现在这种战略意义逐渐削弱。如果美国对东萨不再感兴趣，不再给予财政支持，那么东萨自然会求助于西萨，要求合并或争取独立。但东萨资源缺乏，独立的可能性不大，将来最大的可能是东萨向西萨靠近实现民族统一。西萨国名的改变为将来的民族统一奠定了政治基础，所以此举具有深远的历史意义。

无论东、西萨将来走向何方，可以肯定的是，萨摩亚传统的马他伊体制将会受到越来越大的排挤，因为现代社会的发展趋势要求德才兼备的人领导国家。许多在海外受过现代教育的年轻的萨摩亚人，日益受到全社会的尊重，他们是社会发展的主力军，从长远看，这些具有现代思维的人代表着萨摩亚民族的未来。

第五节　东萨概况

东萨摩亚又称美属萨摩亚，是在南太平洋的美国无建制属地，美国现有殖民地（但 20 世纪 50 年代以来多次要求联合国将其从殖民地名录删去）。东萨摩亚大约在公元前 1000 年就已有人居住，欧洲探险家在 18 世纪到达萨摩亚。首府帕果帕果，是太平洋上天然良港之一。东萨面积 209 平方公里，人口 67084 人（2001 年）。主要的岛是图图伊拉岛（面积最大和人口最多），其余岛屿为马努阿小群岛、罗斯环礁和斯温斯岛。19 世纪后半叶，德国、英国和美国为争夺萨摩亚群岛发生了严重的国际对抗。最后，根据 1899 年条约规定，德国和美国分割萨摩亚群岛。次年美国正式占领群岛东半部。东萨摩亚地理位置十分重要，通过东萨摩亚的航线东北可达美国的旧金山，西南通澳大利亚的悉尼和新西兰的奥克兰，与夏威夷、巴拿马运河相联系，成为一个三角形的交通线。

一　美国的占领和自治

19 世纪的美国，随着实力的增强逐渐向外扩张。1839 年，美国海军官员威尔克斯对萨摩亚诸岛进行了考察，他是第一位正式访问萨摩亚的美国人。19 世纪 50 年代，美国为了椰子贸易在阿皮亚设立办事处。1878 年，美国与萨摩亚达成协议，获得在帕果帕果港建立海军基地的权利，以便为驶往远东的船只进行燃料补给。1899 年 12 月，英、德、美召开会议讨论萨摩亚问题，最后三方签订了瓜分萨摩亚群岛的《柏林条约》。条约规定：以西经 171°为界将萨摩亚群岛一分为二，西边是德属萨摩亚，东边是美属萨摩亚。根据《柏林条约》，美国于 1900 年开始管理东萨摩亚。20 世纪 20 年代末，美国国会将东萨划为美国的无建制属地，其地位既不同于关岛，也不同于美国本土，东萨摩亚与美国二者间既有隶属关系，又有伙伴关系。

当时的东萨摩亚只包括主岛图图伊拉和马努阿小群岛，后来斯温斯岛和罗斯环礁也先后被划归东萨。斯温斯岛位于主岛图图伊拉西北大约 320 公里处，罗斯环礁位于图图伊拉东约 300 公里处，是东萨最东端的无人小岛。1900 年美国接管东萨时，那里只有 1 万多人，没有什么经济价值，因此美国一直没有开发东萨的总体规划。美国在东萨的最大利益就是天然良港帕果帕果港的战略地位，因此美国接管后将其交由海军部负责，并对帕果帕果港进行较大的投入，建成了美国在太平洋中的补给站。第二次世界大战时期，帕果帕果地区成了美国在太平洋中的海军基地，曾驻守过 1.5 万名美军士兵。

二战结束后，随着国际局势的缓和，东萨的战略地位有所降低，美国于 1951 年将它转归内政部直接负责。在 1977 年东萨获得自治地位之前，这里的最高长官都是由美国主管部门派遣。东萨人一直为自治而努力，1977 年美国终于做出让步，允许东萨人在美国内政部管辖下自选总督，实行"萨人治萨"，至此，东萨基本上实现了自治。美国经营东萨期间，帮助东萨建立了斯达克斯特罐头厂，修建了环岸公路和塔富纳国际机场，还修建了一座造雨宾馆。

二　立法议会的产生

东萨议会成立于 1948 年 10 月，主要任务是向总督提出请求和建议。作为美国的领地，东萨的法律以美国法律为基础，采用西方三权分立政体。行政方面由总督领导下的内阁负责；司法由美国派来的首席大法官负责，下设高级法院、地区法院和村法院；立法机构由参议院和众议院组成，最初参、众两院分别由 15 名和 17 名议员组成，任期分别是 4 年和 2 年，后来两院的人数分别增加到 18 人和 21 人。参议员按照萨摩亚传统从 12 个选区的高级马他伊中推选产生，众议员由 18 岁以上的选民通过投票选举产生。参、众两院具有起草和通过地方法律的权力，无权干涉政府预算和美国内政部拨款，更无权撤换总督，总督却有权否决议会的立法议案，如果总督失职，由美国内政部撤销其职务。20 世纪 60 年代中期，东萨进行宪法修订，对参、众两院议员的产生办法做了微小变动，同时规定总督在向美国提交年度预算报告前先交议会审议，然后再提交美国内政部。东萨议会一直要求美国内政部给予他们参与内政部审批拨款的权力。1971 年，美国内政部批准《东萨摩亚宪法修正案》，给予议会对总督预算报告提交美国前审核和批准的权力，随后美国允许东萨议会拥有拨款的支配权以及对总督任命重要职位的建议权和批准权。但因美国对东萨司法机构的预算拨款是由美国国会直接操纵的，东萨议会对此无权过问，也无权过问美国内政部任命首席大法官的事宜。东萨一度想将议会改为一院制，以便将以萨摩亚传统运作的参议院和以现代民主方式运作的众议院的职能更好地结合在一起，但没有取得成功。经过几十年的努力，东萨议会在没有遇到重大波折的情况下从只有建议权到对政府的活动具有相当的制衡权，地位大大提高，为东萨政治上的高度自治奠定了基础。

东萨人曾担心西方文化与萨摩亚文化并存的后果必然是萨摩亚文化被侵蚀，然而随着宪法的颁布、总督的选举、美国国会东萨代表的产生、东萨议会权威的提高，人们担心的后果并没有出现。美式法律得到了较好的实施，以家族为特征的萨摩亚传统体制在日常生活中仍然具有举足轻重的地位。

东萨是美国的无建制属地，因此不受美国国会建制法案的约束，对东萨的宪法拥有自决权，无须美国国会批准，这是东萨在宪法问题上不同于美国其他属地的一大特点。而且在美国同意东萨向美国国会派议员后，东萨和联邦政府的大多数接触就不再需要通过内政部的批准了。美国内政部与东萨联系的主要事宜是内政部财政总预算包括东萨的财政年度预算，内政部向东萨派首席大法官并直接给东萨司法机构拨款。

三　自选总督

东萨政府要走向现代化，不仅需要形式上的三权分立，还需要具有相互制衡的权力。然而，美国直接向东萨派遣总督和首席大法官及东萨议会无权过问总督和大法官任命事宜的做法，实际上削弱了议会的制衡作用。因此，必须进行有效的调整，使议会在总督和首席大法官的选择上具有一定的发言权。在美国直接管理东萨事务期间，不管是美国国会还是海军部或内政部，都没有制定让东萨自治的总体规划。

20 世纪 70 年代前后，受国际形势和西萨独立的影响，东萨人希望获得更大的自治权，同时东萨对美国的战略重要性相对降低，于是美国国会和内政部逐步给予东萨更多的自治权。1969 年成立的由东萨人和美国联邦政府代表组成的东萨政治地位研究委员会，提出了东萨未来走向的两个方案：一是让东萨成为美国的建制领土，二是与西萨合并成统一的民族国家。前者意味着东萨人自动成为美国公民，但东萨人又不愿放弃传统的制度；后者意味着放弃与美国的特殊关系，不再获得美国的财政拨款，这也是东萨所不愿意的。而且，东萨人口较西萨少得多，如果合并，东萨也会成为新政府的一个不重要的部分。因此，这个方案暂时被搁置下来。

1970 年，该委员会向美国国会提交了一份报告，提出了三点建议：东萨自选总督、东萨向美国国会派常驻代表、东萨参议院议员选举改为普选。报告中的建议很受东萨人的关注，前两条建议很快成了他们的政治目标，第三条则遭到强烈反对，因为它违背了萨摩亚的风俗传统。美国没有马上对这个报告做出反应。1972 年，美国国会和内政部终于承诺，允许萨摩亚人决定自己的事务，并成立了自选总督委员会和选举办公室，通过公民表决，定于 1977 年举行总督选举。

自选总督并不是一时冲动的想法，但人们要求自选的迫切性常常随着在任总督的执政情况而时强时弱。雷克斯·李任总督的五年间，东萨得到了令人鼓舞的快速发展，因此，没有多少人希望自选总督。他的继任者欧文·阿斯皮纳尔任总督后，推行不能被东萨人理解的"有计划、有秩序"的渐进发展政策，自选总督的呼声变得比任何时候都强烈。1969 年，约翰·海顿出任总督后加速东萨发展进程，人们对自选总督又失去了兴趣。1975 年约翰·海顿任期届满回国，厄尔·鲁斯出任总督，东萨人对约翰·海顿继任者的执政情况同样表示满意。尽管如此，东萨政治家还是希望"自选总督，萨人治萨"，并一直为此而努力。东萨政治地位研究委员会一直是自选总督的坚定支持者，在其积极努力下，70 年代东萨就自选总督问题进行了三次公民表决，直到第三次才以微弱的多数获得通过。

美国对东萨自选总督问题做出了积极的反应，美国内政部允许东萨修改宪法以适应新的形势。内政部任命总督时期，东萨大权掌握在总督手中。自选总督后，内政部不再直接控制东萨总督，总督不再对内政部部长负责。此后内政部决定为东萨设立审计官，负责美国对东萨的资金和拨款问题，但不干预东萨政府的日常管理事务。

1977 年大选，东萨所有政治人物积极参与首次自选总督活动，出现了群雄逐鹿的局面。结果，科尔曼凭着自己的治理经验和选民的信任，力挫群雄，轻松当选为首任自选总督。

1976 年至 1978 年短短的两年中，东萨举行了四次不同的选举和投票：1976 年 11 月的立法机构选举，1977 年 4 月就选举总督事宜进行公民投票，1977 年 11 月进行首次总督、副总督选举，1978 年 11 月举行了在美国国会众议院中没有投票权的东萨议员选举。

过去，虽然形式上总督做任何事情都需经议会允许，但实际上议会却约束不了总督。实行自选总督后，议会努力争取权力，保持自己的权威。在首届总督产生后的一年多中，总督和议会都在寻找彼此间适当的权力平衡。东萨人的政治意识在不断增强，第二次总督大选定于 1980 年 11 月举行，但是人们从 1979 年中期便开始活动起来。

在华盛顿，美国国会和内政部履行了诺言，放手让东萨人决定自己的事，很少插手。只有在 1978 年决定选举美国国会众议院东萨议员时，美国似乎觉得作为"父亲"，应该知道"孩子"家里发生的事情，于是在没有与东萨商议的情况下，众议院通过决议，批准设立没有投票权的东萨议员或叫代表，以便保护东萨的合法权益。

东萨人在与美国人的接触过程中，逐步适应了美国的一些生活方式。在实行自选总督以后，又开始逐步熟悉美国式的政治体制。东萨在没有任何动荡的情况下完成了由美国管理到自治的政治转变。在这个过程中，东萨政治本土化程度得到了很大提高，原来由外国人占据的许多职位逐步回归给东萨人。东萨政治的迅速发展并没有对根深蒂固的萨摩亚传统带来很大影响，东萨领导人在接受当代政治观念的同时，积极采取措施保护萨摩亚风俗和传统。1979年，东萨众议院否决欲将公众财产租赁期限由 30 年增加到 50 年的议案。他们意识到丧失控制土地的权力和抛弃马他伊制度的后果是不堪设想的。

1980 年以后，东萨大选年份与美国大选同步。总督每届任期为四年。科尔曼第一任期取得的成功为他赢得了威信，于是在1980 年的大选中，科尔曼再度获胜，蝉联总督之职。按照东萨法律，总督只能连任两届，但间隔一届后仍可竞选总督，因此科尔曼没有资格参加 1984 年的总督大选。于是，前两次败在科尔曼手下的 A. P. 卢塔利 1984 年 11 月顺利当选，成为东萨第二位自选总督。1988 年 11 月大选，科尔曼参加总督竞选，再次击败对手卢塔利，第三次当选总督。1992 年大选，卢塔利首次击败多年的竞争对手科尔曼，第二次当选总督。1996 年 11 月大选，卢塔利任总督时的副总督塔乌埃塞·苏尼亚击败包括卢塔利在内的所有对手，成为第三位自选总督并于 1997 年 1 月 3 日宣誓就职。塔乌埃塞·苏尼亚是西萨当时总理托菲劳·埃蒂·阿莱萨纳大姐的儿子。2000 年 11 月 7 日，东萨举行大选，在任总督塔乌埃塞·苏尼亚击败竞选对手、参议员雷阿拉再次当选，并于 2001 年 1 月宣誓就职。

东萨的宪法规定，总督候选人必须属于某一政党，选举实行简单多数获胜制，即获 50% 以上选票者可以当选总督。如果在大选中，所有候选人的得票率都没有超过半数，得票率较高的两位候选人要参加一次决胜选举，然后决定最后结果。1977 年、1980 年和 1996 年的大选都经过了决胜选举。

众所周知，缺乏政党的政体是容易出现混乱和分裂的。政党制度可以简化选举程序，将政客按政党区分，利于管理和控制，于是东萨在 20 世纪 80 年代实行政党制，成立共和党和民主党，分别附属于美国的共和党和民主党。

科尔曼 1920 年生于东萨，其父是美国人威廉姆·帕特里克·科尔曼，其母为东萨帕果帕果人。科尔曼是东萨政治史上一位不平凡的人物。1977 年当选总督前，曾于 1956 年被艾森豪威尔政府任命为东萨总督，任期至 1961 年。1977 年之前，曾任马绍尔群岛、马里亚纳群岛总长官及东萨驻美国副高级专员、密克罗尼西亚地方政府副长官。1976 年至 1977 年任东萨驻美代高专。科尔曼是东萨共和党前任主席。1997 年 4 月，科尔曼在夏威夷家中逝世，终年 77 岁。他的遗体安葬在夏威夷钻石头像纪念公园。塔乌埃塞总督在葬礼发言中称科尔曼是美属萨摩亚领地的"国父"。

东萨现任总督是托吉奥拉·图拉弗诺，民主党人，他从 1997 年起一直担任副总督，2003 年 4 月 17 日由代理总督成为正式总督。在 2004 年 11 月的总督选举当中，他第一轮就获得了 48.4% 的选票，在第二轮中轻松战胜对手赢得选举胜利。图拉弗诺在萨摩亚上过学，后赴美，1970年毕业于内布拉斯加州的查德隆州立大学，之后进入堪萨斯州的沃什伯恩大学法学院学习法律。回到萨摩亚以后，他先后从事法学、商业和政治方面的工作。

四 争取在美国的议员席位

在很长一段时间里，美国国会对东萨事宜只听取内政部独家的意见。为了引起美国国会的注意，东萨于1970年单方面在华盛顿设立了代表办事处，1971年1月，高级马他伊 A. U. 富伊马奥诺出任驻华盛顿办事处代表。富伊马奥诺采取了一些措施让美国国会能够听到东萨的声音。不久，他与总督发生了矛盾，但办事处达到了自己的目的。

关岛、维尔京群岛、波多黎各等美国建制领地在美国国会中都有自己的代表，而东萨是美国的无建制属地，在国会中没有代表，无法表达自己的意愿，因此，东萨政治地位研究委员会强调美国国会中应该有东萨的代表。内政部最初对东萨向国会派驻代表并不支持，主要原因是对该代表能否与东萨总督有效合作表示怀疑。国会中支持东萨向华盛顿派代表的人建议让东萨选举自己的代表，费用自理，尝试几年后再做决定。

1974年，高级马他伊卢塔利接管华盛顿办事处，修补了与美国内政部的关系。他积极活动，希望美国国会中有东萨一席，并希望东萨能进行总督自选。但直到1976年下半年，东萨向美国国会众议院派代表一事仍未获得足够多的支持。1977年，在国会议员菲利普·伯顿的大力支持和活动下，才得以通过。1978年10月21日，美国总统卡特予以批准。1981年1月，东萨开始向美国国会派驻没有投票权的议员。

从 1970 年在华盛顿建立办事处到 1981 年美国同意东萨向美国国会派驻议员，虽然东萨华盛顿办事处的代表没有多大影响力，但却能经常提醒国会注意东萨人的愿望。继卢塔利之后，佛诺·I. F. 苏尼亚于 1978 年出任办事处第三任代表。由于东萨宪法规定要避免与东萨在美国联邦中的地位相冲突的做法，因此，当美国批准东萨向众议院派议员后，佛诺·I. F. 苏尼亚便只能将其任期改为两年，并于 1980 年 12 月 31 日期满。实际上，1979 年他就提前关闭了办事处。东萨现任美国国会众议院议员埃尼·汉金是东萨知名人物，他 1943 年生于东萨，1985 年至 1988 年任东萨副总督，1989年至今，已连续多次当选美国众议院东萨议员。

五　东萨的现状和未来

根据 21 世纪初的人口普查，东萨人口为 67084 人，其中绝大多数为萨摩亚人，其他为永久性外来居民，主要是菲律宾人、韩国人、华人等亚洲移民。东萨人虽然持有美国护照，但不同于真正的美国公民，其护照上注明是"美国国民"。他们可以自由进入美国领土，并长期居留，还可以根据某些规定转为美国公民。长期居住在东萨的中国人有 200 人左右，其中台湾人居多，来自中国大陆的大约有 30 人。

东萨通用萨摩亚语和英语，主要宗教是基督教。教育体系包括 1 所大专，4 所公立和 2 所私立高中，26 所初中和 6 所私立小学。东萨有 1 家电视台和 2 家广播电台。现有电视机近 8000 台，电话近 9000 部，报纸有《萨摩亚新闻》，发行量为 4000 份，每周 5 期，《新闻通讯》每日 1800 份，《萨摩亚时报》每周 3000 份。东萨的外交工作，由美国驻外使领馆代理。

东萨的道路总长 350 公里，其中 150 公里为柏油路面。主要港口除帕果帕果外，还有马努阿小群岛的塔乌港。这里有塔富纳国际机场和几个小机场，塔富纳国际机场到美国（包括夏威夷）、新西兰、澳大利亚、斐济、汤加、瓦努阿图、新喀利多尼亚、塔希提、库克群岛及西萨都有航班。

东萨工业薄弱，除了外国人在此办的大厂外，自己没有什么工业。为了摆脱对外国罐头业的依赖，东萨于 1995 年建立了屠宰厂、纸箱厂、香肠厂和啤酒厂等小型工厂。东萨几乎没有传统意义上的农业。

21 世纪初期，东萨每年的国民生产总值在 1.2 亿美元至 1.3 亿美元之间。东萨经济收入主要依靠美国的财政拨款，每年达几千万美元。有美国提供的大量社会福利金作依靠，东萨人几乎无事可做，大部分工人来自西萨。东萨每年的财政收入为 1 亿美元左右，进口 4 亿多美元，出口 3 亿多美元。主要贸易伙伴为美国、日本、新西兰、澳大利亚和西萨。主要进口产品有罐头、食品、汽油、机械设备和日用品，主要出口产品为金枪鱼。

美国每年给东萨的几千万美元的财政拨款是东萨经济生活得以正常运转的保障，东萨人的生活水平也因此有了很大提高。据最新资料显示，东萨现在人均年收入 7000 美元左右，比西萨人的收入高得多。美国每年还为东萨提供许多奖学金指标，很多青年学生有机会得到政府奖学金到美国等发达国家接受良好的教育，这些为东萨政治、经济和社会发展创造了有利条件。但许多政治观察家也认为，经济援助加深了东萨对美国的依赖，助长了东萨人的闲散习性，一旦失去外来援助，他们将无法生存。

第三章

政　治

第一节　宪政特点

一　国家权力配置

1962 年 1 月 1 日早晨，来自新西兰、南太平洋委员会成员国、德国及太平洋邻国的代表会聚阿皮亚，参加"西萨摩亚独立国"成立这一历史性庆典。新西兰总理及反对党领袖作为新西兰的代表出席了这一具有划时代意义的盛典。在万众瞩目的庄严时刻，新西兰国旗徐徐降下，西萨双元首图普阿·塔马塞塞·米亚奥雷第二和马列托亚·塔努马菲利第二一道升起了"西萨摩亚独立国"国旗。西萨摩亚从此结束了被异族统治的历史，开始了独立自主开创未来的新时期。

1960 年 10 月 28 日通过并于 1962 年 1 月 1 日生效的西萨宪法规定，西萨采用立法、司法、行政三权分立的政体。

一般地讲，政体包括政权的组织形式和国家的结构形式。早在独立前夕，政体问题就是西萨摩亚自治政府所面临的重大任务之一。那些先于西萨摩亚实现独立的非洲和亚洲的殖民地国家，采用了先进工业化国家比如欧洲国家、美国、澳大利亚、新西兰的模式。到 20 世纪中期，这些国家大多数都有了普遍选举、民权法典和法律面前人人平等等机制，这几乎成为独立国家制定宪法时都要遵守的普遍规则。由于新西兰 45 年的统治，西萨人对英国的君主立宪制并不陌生，即由国家元首行使相当于英国女王的权力。但是，西萨政治思维的主调是新旧结合，大多数西萨政治家都希望政体要以传统的形式为基础，包括马他伊的权力、家庭拥有土地、主要头衔等在萨摩亚社会的重要作用。值得注意的是，西萨人在独立前后就对权力的制约问题比较重视，他们不仅采纳了三权分立的体制，并在宪法的众多条款中对立法、行政和司法的权力配置做出了明确具体的规定，而且专门制定了《立法院权力与特权法》《1974 年政府程序法》等专门法。另一个问题是关于马他伊的权力，这是由萨摩亚的习俗、家庭和社会而不是由法律决定的。如果缺乏对马他伊的法律约束，马他伊就会在合法政府中表达萨摩亚人的愿望时滥用职权。宪法起草者们广泛讨论了这个问题，采纳了限制马他伊特权的一些建议，制定了迁徙与宗教信仰的自由权利条款。这意味着人们在迁徙和宗教信仰问题上可以不受其马他伊的约束。

按照独立宪法，国家元首是国家的最高代表，除双元首为终身元首外，其后的元首由议会从副元首委员会成员中选举产生，任期五年。一旦元首因出国或其他原因不能履行职责，副元首委员会代行其职。副元首委员会由议会选举的至多三人组成。副元首可以向总理提出书面辞职要求，由总理再通知议会。副元首不能竞选议员。议会根据动议并经至少 2/3 多数同意才能通过决议免去副元首之职。

　　议会是立法机构，采用一院制，设议长、副议长各 1 名，议员 47 名。除具有"欧洲人"资格的独立选民外，"萨摩亚人"中只有具有马他伊头衔的人才具有选举权和被选举权。注册的独立选民必须是非萨摩亚血统的西萨公民，而且他们业已决定不持有马他伊头衔，或者不与萨摩亚习惯性土地相联系。从 1991 年 3 月的大选开始，普选制被引进，所有年满 21 岁的西萨公民均有选举权，但除了自由选区外，仍然只有获得马他伊头衔的人才有被选举权。目前，西萨大约有 18000 名马他伊。1993 年宪法修改前议员每 3 年选举一次，后改为 5 年选一次。议员的所有决定必须遵循多数决定的民主原则，法案在议会经过辩论并获得通过后，由国家元首根据总理的意见签署而成为法律。

　　由于国家小，人口少，西萨的行政区划也相当简单。全国只有一个城市，即首都阿皮亚。整个西萨分为 11 个政治区，其中乌波卢岛有 5 个，萨瓦伊岛有 6 个，其余小岛都划归乌波卢岛。尽管有些西方学者把西萨的政治区看作地方政府，但严格来说，西萨只有一级政府即中央政府，11 个区和村级组织都是自治性的民间组织而非国家机构（区级法院除外）。西萨的中央政府由以下三部分组成。

国家元首

　　西萨的国家元首既是议会的组成部分，又是政府机构的一个分支。西萨宪法第 31 条规定了行政权力：①西萨的行政权应归属于国家元首，并由其根据宪法条文行使。②第一款中没有任何内容可以阻止议会根据法案授予行政当局而不是国家元首以职能。就是说，国家元首只是代表国家，没有实际的行政权力。

总理与内阁

　　总理由议会选举产生，内阁部长由总理任命。宪法规定内阁下设司法部、土地与头衔及中央注册部、农业部、邮政广播电视部、土地测量部、教育部、卫生部、财政金融经商部和工程交通部等。总理和部长们要向元首宣誓就职，每届任期 5 年，内阁集体对议会负责。

在 1970 年的大选中，图普奥拉·埃菲成为议员，并成功地当选为总理。这在西萨历史上是一个具有纪念意义的重大事件，因为这是自独立以来总理的职位首次为没有获得最高头衔的人所拥有，它标志着对西萨习惯法的一次重大突破。

执行委员会

西萨宪法第 39 条规定，国家元首、总理和内阁部长共同组成西萨执行委员会或行政会议，内阁秘书为执行委员会书记员。

西萨的司法体制很有特色，其司法机构包括上诉法院、最高法院、区法院和土地与头衔法院各一个。首席大法官是上诉法院、最高法院和区法院的院长，具有很重要的地位，独立于任何党派和政府。现任大法官蒂阿瓦阿苏伊·法莱法图·萨波鲁，1992 年就职，为终身职务。区法院有 2 名法官，土地与头衔法院有 13 名法官。最高法院和上诉法院审理案件时要从新西兰请法官。

上诉法院是由最高法院的审判长和其他法官以及由国家元首任命的其他此类人员组成的高等记录法院，通常根据司法事务委员会的意见行动。其一般负责审理和判决上诉。

最高法院是高等记录法院，享有充分的民事、刑事和宪法事务的司法裁判权。它由国家元首根据总理的建议而任命的首席法官以及国家元首根据司法事务委员会的建议任命的其他法官组成。其职权范围包括：最初的民事和刑事管辖权；审理来自地方法院的民事上诉，或是对土地的权利存有争议的案件，或经地方法院委托的案件；审理由上诉人提起的刑事上诉，该上诉要么是上诉人业已被判有罪，要么是已做出的裁定对其不利。

区法院原称为地方法院，可由地方法官组成，也可由助理地方法官组成。这些地方法官和助理地方法官都是由国家元首根据司法事务委员会的建议而任命的。区法院的管辖范围包括：①审理和判决如下案件：侵权法或合同法中的任何诉讼；可根据成文法追偿的金钱索赔；对任何根据成文法可追偿的处罚、开支、摊派或其他可能要求的追偿诉讼，但如果不是有立法明文规定的，则追偿只能由其他法庭管辖，而且起诉中索赔的数额不得超过10000塔拉（西萨的货币单位）；对自由保有土地的追偿诉讼，土地或附加物的价值不得超过10000塔拉；依衡平法的索赔所涉及数额不得超过10000塔拉，或者年租金不得超过10000塔拉；可处以罚款、没收财产或一定时期监禁的犯罪。②习惯性土地被排除在区法院的管辖权之外。③由助理地方法官组成的法院有权管辖：审理和判决建立在合同或民事侵权基础上的任何诉讼，所涉及数额不超过1000塔拉；审理和判决任何旨在追偿罚款、开支、摊派或类似要求的诉讼。④助理地方法官的刑事管辖权一般来说要受到比地方法官更多的限制。根据《1969年地方法院法案》第38条的规定，助理地方法官不得处以超过1000塔拉的罚金，也不得以判处监禁代替罚金或罚金以外再判处监禁。助理地方法官可以审理与《1969年地方法院法案》第39条宣布的特殊事项有关的案件。⑤助理地方法官的司法管辖权可以由首席法官扩大并经最高法院书记长官同意，可以处理涉及1000塔拉的争端。

土地与头衔法院审理有关习惯性土地和马他伊头衔继任方面的争端。具体是：对各种涉及萨摩亚主要头衔的各种事务及习惯性土地的所有权利和争端拥有管辖权；审理来自村委员会的上诉；来自土地与头衔法院的上诉由院长和院长指定的两名萨摩亚法官所组成的法庭审理，此外没有更进一步的上诉。

西萨除了以上四级司法机构，还有最低一级的村委员会。村委员会是由《1990年村委员会法》正式承认的一个综合性基层自治机构，在村级范围内同时拥有立法、执法和司法大权，排他性地处理诸如文化、习惯与传统等方面的事务，还包括所有习惯性土地事务：村委员会有权根据村中习俗与惯例处理村中各项事务；司法管理权仅限于村中普通居民；来自村委员会的涉及土地的上诉，转到土地与头衔法院。如果涉及土地问题，村委员会的判决可能会在土地与头衔法院中受到挑战，土地与头衔法院的判决可能由最高法院复核。

西萨是第一个获得独立的太平洋岛国。在争取独立的过程中，西萨基本上做到了西方文化和本地文化的有机结合，通过和平方式有序地从托管政府过渡到独立政府。西萨的独立过程为其他太平洋岛国争取独立提供了参考和样板，在随后的二三十年中，南太平洋其他岛国也相继获得了民族独立。

二　宪法中的公民权利

西萨的现行宪法在1960年起草过程中所面临的最难的问题之一，就是公民的基本权利问题。这是在西欧已发展了上百年的英国普通法的基本特点，已成为西方法律制度中的根本原则。公民的基本权利是指个人的权利，不论其社会地位如何。而在西萨，习惯法强调团体权利。很多人认为萨摩亚习惯法并没有给个人以足够的保护，这源于西方和萨摩亚社会观念的不同。西方强调对个人利益的法律认同，而萨摩亚强调大多数人的最大利益，如果个人利益与集体利益发生冲突，则集体利益优先。这个问题虽然至今也没有根本解决，但至少在观念与形式上采纳了西方式的个人权利优先的原则。西萨现行宪法的基本结构是：序文部分简要表达了国家权力的来源与归属及立宪目的，并列举了宪法委员会名单；第一部分规定了国名、地理位置和组成部分，并明确规定宪法是萨摩亚独立国的最高法律；第二部分确认公民的基本权利；第三部分关于国家元首；第四部分关于行政机关；第五部分关于议会；第六部分关于司法机关；第七部分关于公共服务；第八部分关于财政金融；第九部分关于土地与头衔；第十部分关于紧急状态权力；第十一部分关于一般与特殊的关系，包括修宪、赦免权、宪法解释、权威文本以及生效等；第十二部分关于过渡期的相关事宜。

那么，西萨宪法到底确认了公民的哪些基本权利呢？概括起来大致有如下十一个方面。

（1）生命权。宪法第 5 条规定，除了执行法庭根据其罪过依法所作的有罪判决外，任何人都不得被故意剥夺生命。

（2）人身自由权。宪法第 6 条规定，除了根据法律外，任何人都不得被剥夺人身自由。

（3）免于非人道待遇的自由。宪法第 7 条规定，任何人都不得蒙受酷刑、非人道或者丧失体面的待遇或者惩罚。

（4）免于强迫劳动的自由。宪法第 8 条规定，任何人都不得被勒令从事被迫的或强制性的劳动，但依法判决的处罚、军事性服役、拒服兵役人的服役、紧急状态下或者灾难威胁生命或社区安宁时的服务以及萨摩亚习俗所要求的或作为正常的公民义务组成部分的任何工作或服务除外。

（5）公正审判权。宪法第 9 条规定，在确定其民事权利和义务或者判断对他的犯罪指控的过程中，每个人都有权在一个合理的时间内，通过依法设立的中立和公正的法庭，公正和公开地听审。判决必须公开宣布。任何被控告有罪的人在依法被证实有罪之前，都应当被假定为无罪。任何被控告有罪的人都不得被迫成为对他自身不利的证人。任何被控告有罪的人都有下列最低限度的权利：以他所能理解的语言，详细、迅速地获知他被控罪名的性质和原因；有足够的时间和设施为他的辩护做准备；亲自为自己辩护或通过他自己选定的律师辩护，如果他没有足够的财产支付律师费用，应予免费；审查对他不利的证人和代表他的利益的证人；如果对他是否能理解或说出法庭上所使用的语言存有疑问，应该免费获得一名翻译的帮助。

（6）有关刑法方面的权利。宪法第 10 条规定，除了法律确定的犯罪外，任何人都不得被判有罪。任何人不得因行为时未构成犯罪的作为或不作为而被认为有罪，也不得被强加比犯罪时可适用的惩罚更重的惩罚；任何以任一罪过被审判的人，在判决有罪或无罪之后，不得因同样的罪过被再次审判。

（7）信仰自由权。宪法第 11 条规定，每个人都有思想和信仰自由，这一权利包括改变宗教或信仰的自由，以及单独地或在社区中与其他人一起，以公开或私下的形式，在礼拜、教学、实践和仪式中表明或传播其宗教或信仰的自由。在上述条款中没有任何内容可以影响任何既存法律的运作或阻止国家就该既存法律制定任何法律，或是影响那些基于国家利益或公共秩序、卫生或道德而对依据该条文赋予的现行权利施加合理限制的法律，或是为了保护他人的权利和自由，包括他们遵守和履行其信仰而没有主动干扰其他宗教的成员们的权利和自由。

（8）有关宗教教育的权利。宪法第 12 条规定，任何上学的人都不得被勒令接受宗教教育或参与任何宗教仪式或出席宗教礼拜，如果该宗教教育、仪式或礼拜关系到一种不同于他自己的宗教之宗教。每个宗教团体或教派都有权建立和维护其自身选择的教育机构，并在那里为该社区或教派的学生提供宗教指导。什么都不可以阻止国家制定的任何法律要求对教育机构的检查，并在那里保持与西萨的一般教育水平相一致的标准。

（9）有关言论、集会、联合、迁徙和居住的自由。宪法第 13 条规定，所有的西萨公民都有演说和表达的自由、和平而不携带武器集会的自由、形成联合或联盟的自由以及在整个西萨随意迁移和在其中任何部分居住的自由，但法律规定的情形除外。

（10）有关财产的权利。宪法第 14 条规定，任何财产都不得被强行占有，并且不得从任何财产中强行获得任何权利或利益。

（11）免于歧视性立法的自由。宪法第 15 条规定，所有人在法律面前一律平等，并有资格获得法律的平等保护。

可以看出，西萨宪法在公民基本权利方面的规定是比较具体的，处处体现了人权保障的精神。而且绝大多数条款都非常明确，可以直接运用于司法实践。根据宪法条款，西萨还制定了相应的有关人权和公民权保障的基本法，如《萨摩亚人地位法案》《选举法》《公民资格法案》《移民入境法案》《刑事犯罪条例》《刑事诉讼程序》《诉讼证据条例》《誓言、书面证词和声明法案》《1968年监狱法案》等。

萨摩亚是一个等级分明的社会，不仅拥有马他伊头衔的人与没有这一头衔的人之间很不平等，就是在有头衔的人之间，也有诸多等级区分，甚至在同一类的马他伊之间，也因家族势力或影响的大小不同而有地位高低之别。因此，尽管宪法明确规定法律面前人人平等，反对歧视性立法，但这与实际状况的距离较大。这突出表现在选举权与被选举权问题上。西萨宪法所规定的公民基本权利并没有选举权与被选举权的内容，这不是一时的疏漏，而是萨摩亚习惯法对宪法的影响所致。因为有 3000 多年历史的马他伊制度，依然为宪法所接受。根据这一制度，只有具有马他伊头衔的人才有选举权和被选举权，而独立选民必须具备下列条件：在 1961 年 12 月 31 日以前被划为欧洲人；父亲生前被划为欧洲人，或者如果父亲还健在，父亲符合被划为欧洲人的条件；已加入西萨国籍；通过出生地原则已具有西萨公民身份，或者父亲不是西萨公民，或父亲健在但不符合加入西萨国籍的标准。只有马他伊才有选举权和被选举权的状况，一直持续到 1991 年。这年实行普选制，所有年满 21 岁的西萨公民按规定均拥有了选举权，但除了自由选区阿皮亚市外，其他地方仍然是只有马他伊才有被选举权。

三 地方自治

社会自治是宪政理论与实践的出发点。我国学者莫纪宏在《社会自治与现代宪政》一文中指出：对于现代宪政理论而言，在一个共同体中，社会成员是充分自治的。这种自治关系表现在两个方面：一是仅就与他人无关的事情，个人享有充分的自己决定权；二是仅就与其他共同体中成员无关而与本共同体所有成员相关的公共事务，全体成员享有共同决定权。前者可以简称为现代宪政理论下的个人权利，后者则可以视为社会权利。社会权利是逻辑上终极性的权利，是社会自治的逻辑基础。

　　西萨的宪政体制可以说是外来制度与本土传统、中央权威与地方自治有机结合的典范。这集中表现在它的二元体制上。在中央一级，它基本上采取的是西方式（主要是英国式）的君主立宪制，而其具体运作方式与现代西方宪政没有大的差别，所不同的是议会体制并没有沿用近代实行了几十年的塔伊穆阿（上院）和法伊普雷（下院）两院制，而是采用了一院制。事实证明，无论是从理论上还是从实践上，这种一院制都更符合只有马他伊才具有选举权和被选举权的事实。当然，随着普选制的引进，特别是普通公民被选举权的引进，西萨的议会制度很有可能采取两院制才能满足社会各界的需要。

　　在地方一级，西萨则保留了传统地方自治体制，其运作规则主要是传统习惯法，国家权力基本上被阻隔在外。这种二元体制并不是完全分离和对立的。首先，作为地方自治精髓的马他伊制度，延伸到了广义的中央政府，并构成中央机构的主要支柱（即由马他伊选举和组成国家立法、行政和司法机构）。其次，20世纪以来，随着普选制的限制性采用，现代西方式的选举制度也向下延伸到了地方：凡是年满21岁的公民都有选举权。但除了自由选区、首都阿皮亚市以外，没有马他伊头衔者仍然没有被选举权。这就较好地解决了外来制度与本土传统、中央权威与地方自治之间的两难选择。当然，问题并没有完全解决，随着公民权利意识的觉醒，二元体制之间的矛盾将逐步加剧。

　　由于国土范围小、人口少，严格意义上又只有一级政府，因此西萨的地方自治基本上等同于基层自治。其主要表现形态有家族自治、村级自治、区级自治和其他社会组织的自治（主要是为数不多的企业和学校自治）。其中最为重要也最具特色和代表性的是家族自治与村级自治。

古老的习俗和传统社会组织，混合以基督教价值与法规，构成了现代萨摩亚社会的基本框架。我们主要考察一下现代萨摩亚的家族自治与村级自治。

萨摩亚的家庭是扩展的大家庭，类似于中国古代的家族，萨摩亚语称作"阿伊纳"。家族是萨摩亚社会组织赖以建立的亲属关系单位，美国学者玛格丽特·米德博士称作"血族"。她是这样描述的：萨摩亚人的血族是一个奇特的双边分组，在这一分组中，与男方有关的所有后裔对应于女方家族。男系血脉是塔马塔讷，女系后裔叫塔马法菲讷。塔马法菲讷有权否决塔马塔讷的任何让渡财产或选举头衔的重要计划。塔马塔讷理论上是一个本地群体，都住在一个村子里，都归属和效忠于一个酋长和一个家神。而塔马法菲讷却散布在许多村庄，分属于许多血脉，服务于众多神灵。由于不允许两个熟悉的家族之间近亲结婚，每一个体都是一个家族的塔马塔讷和另一个家族的塔马法菲讷。在一个家族中他成为继承人，在另一个家族中他消极地否决和监督。

对于萨摩亚家族的规模，不同的学者有不同的看法。据记载，19世纪中叶以前，每家平均8~12人。而到20世纪20年代，玛格丽特·米德认为一个血族最大可以达到50人，有时一个村庄可能拥有多达20个血族。还有人认为萨摩亚家族的规模从几人到200人不等。这些数字应该说都不是想当然的估计，而是有一定的实证基础的。之所以彼此相差悬殊，可能主要是时代不同的缘故。一般来说，家族或血族的人数根据其共同的祖先出现时间长短的不同而不同。这个时间越长，血族就越大。在最小的时候，血族就等同于生物学意义上的家庭，即只有几人或十几人，而在最大的时候，可能达到 200 人。从几人到 200 人不等的确是今天萨摩亚家族的规模。这些人并不都住在一个住处，而是散居在整个村庄，甚至几个村庄。传统上，家族成员都在家族首领马他伊分配给他们的土地上劳作。但是现在，鼓励孩子们在首都阿皮亚市工作以便能够挣得工资，对于萨摩亚家族来说，已经是很平常的事了。今天住在海外的萨摩亚人甚至比住在国内的萨摩亚人还多，他们中的绝大多数都定期给国内的家族寄钱回来。但每个家族或血族都有一个大本营村，其中有一个公共的会议室，在某些场合也用来招待客人。

在萨摩亚，一个家族历来都是由一个或多个马他伊作为家族首领来组织和管理的。每个马他伊都是由家族选举产生的。这种酝酿和选举马他伊的会议一般要持续几天或几个星期。家族中每个成年的成员都有发言权，而老马他伊可以在临终时提名他所选择的人作为继任者，而且他的意愿必须被考虑，但并不会束缚这个家族。候选人的优先顺序是：马他伊的弟弟优先于马他伊的儿子，血缘亲属优先于收养的亲属，但任何人都没有无可争辩的继承权，家族可以自由选择任何成员，包括收养的亲属。一个家族也可能将马他伊头衔给予一个能够支持他们渡过难关的亲戚。家族中的男性和女性都可以当选，尽管你会发现男性往往多于女性。在这些问题上，家族成员之间通常没有严重的争端，但如果争端激化，空缺就可能持续几个月甚至几年，因为每一次选举必须全体意见一致。现在总的趋势是，一个人会因曾经很好地服务于家族，或者由于其智力、首创精神、礼仪方面的知识或者年纪而当选；也可能因为他达到了某种正规教育的水平而当选，或者因为他在政府和外国人的经济或政治事务方面具有某种个人财富或经验而当选。马他伊头衔是不能被继承的，尽管偶尔也有例外，但可以授予一个人终身享有。如果该位马他伊的管理令家族成员不快，其就可能被罢免。当然，如果其觉得自己太老或者太衰弱了，也可以主动辞职，以便家族推选更有活力的后继者。如果被罢免，他就会在家族失去其优先地位；但如果是主动辞职，他将继续受到属于他这个位置的尊敬。

父母及其子女所构成的家庭在家族中作为一个独特的单元而存在。不过需要指出的是，单个的萨摩亚人都有名而无姓，而且并不认为他或她自己是一个特定的父亲和母亲的儿子或女儿，而认为自己与父母一起，都是马他伊家族的子女。因此，萨摩亚人所提及的"父亲"或者"儿子"很容易被误解。一个服务于马他伊并住在该马他伊家里的男孩，无论是否相关，都会把这个马他伊当作自己的父亲，把马他伊的妻子当作母亲，而该马他伊及其妻子则会把他称作自己的儿子。其实他们并不是基于血缘关系的父子、母子关系。在现代社会，如果出于识别的目的要强制性地给予一个姓（即家族名），他就会以他的马他伊的名字为姓。因此档案上列出的一个名字"托鲁·阿苏纳"，意味着这个名叫"托鲁"的人是由马他伊阿苏纳负责的家族的一个成员，这个马他伊阿苏纳可能是也可能不是他的生身父亲或母亲。

一般认为，每个马他伊都拥有可支配的家族土地和成员，其权力是无限的。他或她不仅在村委员会中代表其家族，矢志于增进家族的地位和特权，鼓励家族成员履行宗教义务，还有权分配和指导成员的日常活动，包括生产与家务活动，有权根据自己认为合适的方式分配或安排土地和产品、解决家族内部成员之间的争端，有权处罚家族成员，没收其农作物或牲畜，甚至对家族成员拥有驱逐出家族乃至生杀的大权。但事实上，马他伊是家族财产的受托人，而不是所有人。马他伊的这些权力都是受限制的。一方面，他或她往往要与其他马他伊或其他家族成员进行磋商，而不是独断专行。这种磋商制度在萨摩亚各级马他伊中都得到了高度的发展。另一方面，马他伊的所作所为必须体现、保障和增进家族的利益，否则家族成员可以也能够剥夺其马他伊头衔。对此，英国传教士乔治·泰纳早在 19 世纪后期就有过描述："尽管出售土地以及做影响家族所有成员的其他重要事项的权力归属于有头衔的家长（指马他伊），但如果没有与所有相关成员正式磋商，上述当事人不敢做任何事情。如果他试图坚持以别的方式行事，他们（指家族成员）就会剥夺其头衔，把它授予另一个人。家族的成员因此能够剥夺其家长的头衔，家长们也能够联合起来剥夺其高级马他伊的头衔，把它授予该酋长的兄弟、叔伯或酋长家族的其他类似成员，也就是那些他们认为更能按照他们的意愿行事的人。"马他伊的这种磋商制度与选举和罢免制度，可以说是萨摩亚式的民主制度。这种民主制度作为一种历史传统，在今天的萨摩亚依然得到了继承和发展。

萨摩亚是一个有着与众不同的波利尼西亚文化遗产的传统社会，也是一个组织化程度极高的社会。有着 3000 多年历史的马他伊和马他伊委员会制度，今天仍然是萨摩亚社会的基础。殖民化之前的政治组织是建立在血缘和地缘基础之上的，基本的领土单位仍然是村庄。村庄由家族所拥有的习惯性土地所组成，每个村庄包括好几个家族，组成一个村庄的各个家族要么是源于一个共同的祖先，要么是由于传统和婚姻或其他原因而结成的联盟。规模越大的家族就越重要，在村级事务中就能行使更多的权力，这通常会导致家族之间的竞争。村里也可能授予某个曾做了有利于全村的事情的人马他伊头衔。

西萨是一个农业国，大多数土地都用于农业。土地全部属于村庄和家族所有。村庄的土地可以分成四个部分：村中建房用地、种植园用地、家族保留的土地和村有土地。村中建房用地就是西萨人实际住宅所占用的那些土地。只是除了起居空间外，村中建房用地还包括户外厨房、宾馆、室外厕所、已故亲属的墓地，以及可能有的一两块芋头地或香蕉地。种植园用地一般位于村外的山坡或靠海的区域，这些土地一般由单个家族拥有，但通常未加利用，也可能出租给别的家族在一定时期内使用。土地是家族经济的基础，家族保留的土地占全国土地的80%左右，它们不能出售。这防止了大规模工业对萨摩亚群岛的毁坏。同时由于家族内部土地公有，每个人一出生就享有家族土地的一部分所有权，这就避免了赤贫的出现。村有土地位于山上较高的地带，也包括村外的暗礁和海域，未经村马他伊委员会同意不得使用。不过，如果一个家族对一块村有土地耕种了足够长的时间，他们就会被赋予对这块土地的权利。

由全村所有马他伊组成的马他伊委员会，同时兼有立法、行政和司法职能，这是萨摩亚村级自治传统的集中体现，《1990年村委员会法》使村委员会基于习俗和惯例所产生的权力合法化了。该法第3条第3款规定："每个村委员会根据本村习俗和惯例，过去和将来对本村事务行使权力或权威都是有效的和被授权的。"不仅如此，该法还赋予了村委员会一些新的权力。如第5条是有关村委员会在卫生和经济发展方面的权力，其第2款规定村委员会享有：①为维护村里的卫生而制定法规的权力；②为改善开发和使用村里土地而制定法规的权力；③依照本条前两款所赋予或保留的权力而制定的法规，指令任何个人或群体从事任何必需工作的权力。其第3款规定：不服从根据本条①②两款所赋予或保留的权力而制定的法规或作出的指令的任何人，都有村级行为不端之罪，可以由村委员会予以惩罚。该法第 6 条赋予村委员会如下根据习俗与惯例对村级不正当行为予以惩罚的权力：①以货币、好席子、动物换食品等方式，或者以其中一种方式处以罚款的权力；②判令犯法者在村有土地上承担任何工作的权力。该法第 7 条规定：村委员会可以将自身的全部或部分权力委托给由本村村民组成的一个委员会。该法第 10 条规定：各村委员会的收益全部免征收入所得税。

当然，《1990 年村委员会法》对村委员会依据习惯法所拥有的传统权力也作了一定的限制。如该法第 8 条规定：任何人做出的村级不端行为如果已由村委员会施加了惩罚，而其又被土地与头衔法院证明在同样的事情上犯有刑事罪或过错，土地与头衔法院应该考虑缩减由村委员会所施加的惩罚。根据该法第 9 条的规定，任何村委员会的司法裁判权都不得扩展到：①不是常住在本村的任何人；②在政府供职、自由保有或租有土地、常住在本村但不是本村马他伊并且根据该村习俗和惯例没有义务向该村某个马他伊提供服务的任何人。该法第 11 条还通过赋予个人向土地与头衔法院上诉权利的方式对村委员会的权力予以限制。

在现代，马他伊委员会每个月至少开一次会（传统上是一周开一次会，通常是星期一上午）。其司法程序经常涉及听证。听证时，任何没有头衔的人都由其马他伊代表，在听取证据后被告通常有权答辩。没有上诉程序，权利受到不法侵害的家族常常通过自身的手段寻求惩罚。如今土地与头衔法院体会到自己作为村委员会的上诉法院的作用，因为大多数村级争端都与土地或马他伊头衔有关。尽管法律都是不成文的，村委员会还是沿着清晰和可预期的路线行事，并能对关系到萨摩亚人的日常事务迅速达成决议。需要做出决定的事务都要展开辩论，直到达成一致。因此每个家族或马他伊都承认决议的权威性。

村中的最高首领传统上有权指定他的一个成熟的童贞女作为村里的礼仪少女，即塔普。塔普位置的候选人一般在高级首领家族十二三岁的少女中挑选，她们必须接受一些必不可少的社交礼仪方面的训练。当她的前任结婚后，她就承担起这个特殊的头衔，在正式场合作为酋长的正式女主人行为处事也就成了她的义务。塔普要受到严格的陪护，因为保持婚前的贞节是落在她身上的义务。作为对她的辛苦乏味的功课和半隔绝状态的回报，她在村中女性中占据着第一把交椅，甚至在公共场合优先于酋长夫人。她也可以期望一个非常有利的婚姻，婚后她当然得放弃原有的职位。由于塔普必须是完美的，全村都以她的贞节自豪，任何对她的冒犯都是与她的家族和村庄为敌。这种冒犯必须受到严厉的惩罚。

村中所有的其他少女和未婚妇女形成一个以塔普为首的被称为"奥阿鲁马"的社会组织。女孩子一般在十三四岁就加入奥阿鲁马，直到结婚。在萨摩亚，奥阿鲁马成员都是经过挑选的年轻成熟而未婚的妇女，她们作为奴仆和女伴为村里的礼仪公主即塔普服务。这一古老的功能如今已不再存在了，因为现在塔普只是在为款待一群正式的来访者等特定场合才被任命的，可以是一个已婚妇女，甚至是有孩子的已婚妇女，而不必是年轻的童贞女。如今奥阿鲁马由来自村中所有家族的未婚少女或妇女和寡妇组成，有时也有一些没有头衔的男子的妻子参加。她们通过各种社会的、经济的和礼仪的活动，负责村中的公共福利。奥阿鲁马现在已成为一个被称为"妇女委员会"的更大组织的一部分。已婚妇女包括有头衔的和没有头衔的男子的妻子，都被吸收进妇女委员会，它由高级首领和高级代言马他伊的妻子们领导。妇女委员会在公共卫生和婴儿照料等领域有许多义务。它也负责筹集资金，款待来自外村的访问团体。其成员也集合起来编织席子或制作百叶窗。在妇女委员会中，奥阿鲁马有着特殊的任务，就是承担重活和在需要时表演集体舞。除了马他伊委员会外，对于村中的事务，妇女委员会也有很大的发言权。这也是现代萨摩亚与传统萨摩亚的一个明显区别。

酋长的儿子或酋长认为相等的一个亲戚，作为"马纳亚"，是村中没有头衔的男子组织"奥马纳"的领导者。奥马纳是一个协同劳作的群体，兼有体力劳动和举行仪式的任务，为村马他伊委员会和全村服务。该组织的成员也常常集合起来从事体育运动和其他娱乐活动，如打板球和玩牌，或是在集会时代表村里表演集体舞。正如一位外国观察家所指出的那样：有头衔的人和没有头衔的人在地位上有明显的不同，从没有头衔发展到加入有头衔的行列是大多数成年男子的正常渴望。较高的社会等级并不像其他波利尼西亚民族那样是封闭的，有头衔的人和没有头衔的人之间有一种相互依赖和相互承认。萨摩亚的社会群体因此是互补的：一方面，尊敬、服从和服务于随后有希望进入的身份；另一方面，对社会中没有头衔的成员的贡献也予以欣赏。在对所受到的待遇感到不满时，他们可以自由地撤回其支持并投身于其他家族的社会关系分支，较大程度的社会平衡和社会正义因此得以维持。

西方宗教给萨摩亚习惯法带来了很大变化。以基督教公理会为代表的新宗教反对战争、暴力、残忍的惩罚形式及愚昧的风俗习惯，强调和平，这有助于维护萨摩亚的社会稳定，有助于摒弃传统文化的劣根性。

在多数情况下，与基督福音教义相冲突的风俗习惯都向基督教义做出了让步。旧萨摩亚存在的一夫多妻、新婚验贞、婚外关系、粗俗歌舞等与基督教教义水火不容的陈规陋习遭到了传教士们的抛弃。福音说男人和女人只应有一个婚姻配偶，而且应该相互忠诚。于是愿意皈依基督教的马他伊就得从他的多个妻子中挑选一位，并允许其他妻子再婚。马他伊们娶多个妻子的根源是传统政体，因此要改变这种风俗就必然要改变萨摩亚的政治制度。1838年萨摩亚接受了一夫一妻的教义。一些与西方人认为的文明习惯不相符的生活方式也被改变。旧萨摩亚，无论男女都不穿上衣，男人蓄长发并在头顶上打结，女人留短发并用面包果的汁液将上卷的头发定型，还有用石灰将头发变成棕黄色的习惯。虽然《圣经》上并没有对人们的着装和发型有具体的规定，但基督教传教士还是说服萨摩亚人学习西方人的穿戴和发型习惯，即让女性穿上衣，男人留短发，女人蓄长发但要束起来。

另一个变化就是将做饭的任务交给女人。1830年以前，做饭是男人们的活。传教士们解散信仰基督教的村中的"女人组"，未婚女子不再与"女人组"生活在一起，而与传教士的妻子们生活在一起，她们学习白人的烹调方法，用炉子和锅做饭，学习缝纫及白人妇女们应做的活。

基督教也改变了萨摩亚人的马他伊权威观。基督教传入萨摩亚之前，最高马他伊几乎可以做他想做的任何事情，因为萨摩亚人认为高级马他伊具有神所赋予的能力，这种能力使其免受普通行为准则的限制。皈依基督教的萨摩亚人仍然相信高级马他伊们具有神圣的权威，但是这种权威来自新神耶稣基督。宗教要求马他伊们遵守上帝的法律，为本家和本村树立基督教徒的榜样。

但基督教在萨摩亚的传播并非一帆风顺。传教士们希望能通过传教使萨摩亚人勤奋起来，让他们完全接受基督教教义的想法也没有完全实现。在许多方面，萨摩亚文化照样具有很强的影响力。萨摩亚人虽然放弃了传统信仰，但不彻底；虽然皈依了基督，但不能完全理解教义的深奥。传教士们想利用宗教实现和平，但宗教为政治所利用，曾出现了一些没有预料到的情况。一些政治家利用宗教来巩固其政治地位，但一些做法却常常与宗教教义背道而驰。如一直支持教会活动的马列托亚·瓦伊努乌波虽然皈依了基督，但为了政治目的，不顾宗教教义和家族的反对将一个女儿嫁给了一位已经结婚的马他伊。此外，传教士们的小家庭模式也不适应萨摩亚根深蒂固的大家族制度。

传教士们清楚，宗教过多地参与政治会带来很大的危险，因此，在萨摩亚内战过程中，多数传教士总是努力避免宗教涉入，并在可能的情况下促成和平。在战争面前，马他伊们处于进退两难的境地，他们的传统义务是参与战争，但他们的基督使命却是让他们促进和平。这就是他们要求牧师们不拥有任何马他伊头衔并且在政治和军事冲突中保持中立的原因所在。

基督教使萨摩亚文化发生了革命性的变化，同时也被萨摩亚化了。诚如一位论者所说的那样：萨摩亚人乐意接受大多数规则和新的法律，他们已经有了一个禁忌体系，该体系指示人们禁止做什么，但许多新的规则仍相当容易地被接受了，比如禁止一夫多妻或一妻多夫，禁止离婚和基督徒与非基督徒之间的政治联姻。他们也接受了大多数新的戒律，诸如妇女从头到脚遮身的义务，男人身穿由衬衫、领带和罩在长及脚踝的拉瓦拉瓦上的外套组成的教堂服装的义务。还有许多更新的禁令和戒律，但萨摩亚人没有选择全部接受它们，譬如禁止喝卡瓦酒。最终他们只接受了那些能够便利地被吸收进传统萨摩亚文化的元素。即使在今天，许多人依然可以轻易地把基督教与传统神话、传说中的信仰以及鬼魂的存在结合在一起。可以说，基督教教义与萨摩亚传统的结合，形成了具有萨摩亚特色的宗教文化。

作为萨摩亚最重要的变革中介，西方传教士们对萨摩亚人生活的影响非常强烈，除了摧毁传统的萨摩亚宗教之外，还使得萨摩亚人成为把大量的时间和金钱奉献给教堂的虔诚信教的民族。传教士们初次到达时，教徒给教堂的报酬是公开地交付椰子油。萨摩亚家庭习惯于彼此竞赛看谁能给予更多。尽管如今的捐献倾向于货币，但捐椰子油的做法依然在继续。结果，你在任何村庄里遇见的教堂以及牧师的住房都是最壮观的建筑物。

如今，萨摩亚人的星期天甚至包括星期六都是奉献给上帝的。在这一非常重要的时间里，家家户户除了上教堂外，剩下的就是休息，不得从事其他活动，城里和乡下大大小小的店铺几乎都关门歇业，就连菜市场也没什么人影。当你在某个星期天驱车在岛上时，你会遇到许许多多穿着礼拜日盛装到教堂去或从教堂回来的人。大多数村庄每个星期天都有两三次礼拜仪式。早晨的礼拜仪式一般从 8 点到 11 点不等，下午的礼拜仪式都是从 3 点开始。其他的教会活动包括青年交谊活动，一般都在随后的晚上继续。

少儿礼拜活动一般都是每个星期天晚上在牧师家里举行。在每个教派的宗教生活中孩子们都扮演着重要的角色。小孩和年轻人都被鼓励参加唱诗班。这些唱诗班在主要仪式中都要派上用场。每年都有一个特殊的星期天分配给年轻人来领导礼拜活动。要求孩子们表演喜剧、演唱歌曲或赞美诗。这也是孩子们朗诵圣经中的韵文的时间，这个星期天被称为"白色星期天"。

　　萨摩亚人叫这个特殊的星期天为"白色星期天"的原因是每个人都穿白色服装。在萨摩亚任何教会中，白色都是最重要的颜色，它被认为是心灵纯洁的象征，这与传教士的白色代表纯洁的观念有很大关系。因为带着福音来到这个岛上的传教士们都穿着白色服装，所以萨摩亚人也自然而然地效法他们。现在这一点已经成为教会文化的重要部分。

　　在萨摩亚教会生活中，人们从头到脚的穿戴非常重要。女士被认为应该戴帽子，穿传统服装拉瓦拉瓦和整洁的衣服。男士穿拉瓦拉瓦、衬衫并打领带。尽管地处热带，在举行宗教活动时男士们也愿意穿套装。你见不到有人穿着 T 恤或牛仔服进入教堂的情形。每个人都得穿自己最好的衣服，这并不是教会的要求，而是出于内心的虔诚。一位萨摩亚信徒这样说：你的外表看上去像什么，表明你的内心就像什么。我们相信上帝是纯洁和神圣的，因此我们应该带着纯净整洁的内心和外表步入上帝的房间。这充分体现了萨摩亚人对信仰的执着程度。

　　萨摩亚人对上帝和神灵的礼拜不仅体现在礼拜日，也表现在平时。作为一个外国游客，不管你住在何处，也不管你是有心还是无意，每天清晨 7 点和傍晚 6 点半左右，你都会听到清脆悠远的钟声和低沉的海螺声，那是在告诉人们当地人要举行晨祷或晚告了。这种仪式持续的时间一般是 15 分钟到 20 分钟，祷告结束时会再响一遍钟声或海螺声。如果带着几分好奇，或是出于别的原因，这时候你想出去走走，那么你刚走出自己的庭院三五步，就会被一群由孩子们组成的纠察队给挡回去。因为当地人祷告的时候，是绝对不允许打搅的，也不允许其他当地人待在室外。如果你要硬闯的话，其后果轻则被罚款，重则就不堪设想了。

四　萨摩亚式的民主自由

萨摩亚式的民主已经延续了几千年，具有自己的民族特色，大致体现在以下六个方面：（1）马他伊作为家族首领，由家族成员选举产生，并受家族成员监督。不能履行职责、不能保护和增进家族利益的马他伊可以由家族成员罢免。马他伊头衔不能继承，也不能私自转让。但马他伊一旦当选，则在家族中拥有绝对权威，具有生杀予夺的大权。（2）在集体决策过程中，遵循全体一致同意的原则，而不是少数服从多数的原则。这不仅体现在家族生活中，也体现在村委员会中，还体现在区和次区的委员会等自治机构中。当然，议会等正式国家机构除外。（3）在集体讨论的过程中，每个人都可以正面陈述自己的观点，但不能直接否定别人的观点。（4）强调集体权威，而不是个人权威。在村、次区和区各级马他伊委员会中，高级首领的意见尽管会被优先考虑，但不具有绝对权威。在讨论一些重大问题时，高级首领可以引导讨论，但不能压制和否决他人或集体的意见。萨摩亚式民主的这一特点，甚至已经延伸到国家的政治生活当中。（5）议会构成按照选区分配议席，议员实行不完全民主选举，即除了作为自由选区的首都阿皮亚市以外，只有具有马他伊头衔的公民才有选举权和被选举权，其他成年公民自1991年以后开始享有选举权，但依然没有被选举权。（6）包括多党制在内的政治生活中的对抗与对话机制，是萨摩亚式民主的集中和最高表现形式。

自由是萨摩亚的一种既丰富又稀缺的资源。如果把自由理解为没有多少限制和约束的随意和随和，那么这种意义上的自由在萨摩亚是非常丰富的。美国学者玛格丽特·米德就曾经注意到这一点。

她这样写道：萨摩亚的文化背景之所以能够使生活成为十分容易、十分简单的事情，究其原委，主要归结于整个萨摩亚社会所充溢着的那种普遍的随和性。在萨摩亚这块土地上，没有人孤注一掷，没有人蒙受信仰的磨难，也没有人为了某种特别的目的而殊死拼搏。父母与子女之间若有不睦，只要子女离家出走便可万事大吉；一个人若与自己的村落产生隔阂，只要迁居他村便一了百了；一位丈夫与勾引妻子的情敌之间的仇恨，只需几张精致的草席便得以弥合。在人际关系中，互相关照实属微乎其微。爱恋与憎恨、嫉妒与报复、悲痛与丧亲，都不过是数周即过的事。婴儿初降人世后不到几个月，就被从一个女人手中漫不经心地递到另一个女人手中。这样，人们出生不久就学会了既不对任何人过于关切，也不对任何人寄予过高的希望。萨摩亚社会对于学会了不对别人过于关切的人非常友善，而对那些未能学会这一点的人却苛刻严厉。萨摩亚人在人际关系上的这种随意性，的确营造出了一种非常浓的自由氛围：迁徙的自由、选择家庭寄身的自由，个人私生活很少被他人说三道四的自由，不执着于某种情感和信念、从而很少面临和做出相互冲突的艰难选择的自由等。这种自由状况即使是在以自由立国的西方发达国家也是很难见到的。

然而，如果把自由理解为以个体为基本单元，强调个人的意志和价值的话，自由在萨摩亚又是一种稀缺资源。因为萨摩亚一直是一个以家族和集体为本位的社会，个体的地位和价值都要让位于家族和社会，至今依然如此。即使在正式和非正式的娱乐活动中，也难得见到萨摩亚人以个体的方式出现在众人面前。在萨摩亚社会中几乎见不到独舞和独唱。萨摩亚唯一的本土女作家希雅·斐洁尔在她的小说《我们曾归属何处》中，借书中人物之口说道：我不存在。我不是我。我自己不属于我，因为我总是我们，是家族的一部分，是村庄的一部分，是萨摩亚的一部分。

的确，萨摩亚社会的一个重要特征是，个体与私人的利益相对于作为整体的家族和村社利益来说被认为是第二位的。尽管没有任何正式的限制施加于一个人的发展之上，但每个人首先是作为社会中各种群体的成员的。男人、女人、男孩和女孩都被期待着屈从于家族和村庄社会。一个人必须像人们根据他的年龄、性别、等级和地位所期待的那样行为处事。人们必须勤勉工作、毫无怨言，服从他们长辈的指导。服从与恭顺是萨摩亚文化中的关键概念：孩子得永远服从其父母，没有头衔的人被期待着服务于马他伊，但马他伊也必须根据其等级、头衔和地位行为处事。例如，在村委员会中，他们得小心不冒犯更高地位或等级的首领们，并记得以尊敬和礼貌对待他们。所有的人都得仔细考虑他们在社会阶层中的地位，并竭力以适当的方式行动。对于尚未加封的人来说，这是确保将来加封一个头衔的最好方式。批评与独创性的思想或行动只能阻碍将来提升的任何机会。而对社会平和恭顺以及能够忘却自我，在萨摩亚人的生活方式中被认为是相当可贵的品质。

然而，一位外国学者却注意到，在这种恭顺与服从的平静表面背后，总是存在着一种巨大而无形的竞争压力，它随时都有可能暴露于外部世界。在社会的各个层次上都存在一种为获得更多的声望而展开的不断奋斗。这既体现在尚未加封的人们中，也体现在马他伊特别是代言马他伊身上。在为自身和所代表的家族或村庄寻求更多声望的过程中，他们不断地设法通过演说来相互挫败对方。如果一个经验丰富的著名代言马他伊在村委员会会议期间被另一个才能不及于己的同僚以这样或那样的方式冒犯了，他会毫不犹豫地以一种狡猾而又合理的方式惩罚对方。他可能会利用一种精致、高雅以致其他人难以听懂的语言，提出一个特别困难的问题。这时，别的人将难以发表意见。在这种氛围中，村委员会的会议常常是为更多声望和尊严而竞争的场合。而萨摩亚人的孩子们必须接受他们的长者的命令，而且人们期待他们抑制不良的感情和情绪。萨摩亚人在隐藏和抑制自己的个人感情方面都是自己的主人，他们从孩提时代起就以这种方式接受训练，那些出现差错的人就要遭受惩罚，成人的不当行为也要受罚。

由于过分强调服从、恭顺和压抑，而不重视个体价值和个人自由，萨摩亚人的自杀问题一直是比较严重的。从 1982 年到 1992 年，萨摩亚出现了 230 多起自杀事件以及同等数量的自杀未遂事件，是世界上自杀率最高的国家。萨摩亚卫生部的统计表明，近年来萨摩亚的自杀率有所下降。从 1997 年至 1999 年，萨摩亚有 17 人自杀，1999 年至 2000 年，自杀人数下降到 11 人，试图自杀的人数从 39 人下降到 25 人。也就是说，从 1997 年至 2000 年，共有 28 人自杀，而同期试图自杀的人数是 64 人。这是 1979 年以来的最低数字，但没有包括第一大岛萨瓦伊岛的马列托亚·塔努马菲利第二医院所应上报的数字。这几个数字从绝对数来讲并不大，但若相对当时只有 17 万多人的全国总人口来说，其自杀率确实不低了。从 1988 年至 2001 年，64% 的自杀者是男性，所有男性自杀者的平均年龄为 28 岁，女性自杀者的平均年龄为 24 岁。最年轻的自杀者是两个 11 岁的孩子。

从 1964 年至 1984 年在萨摩亚从事调查研究的人类学家理查德·A. 古德曼在他主办的网站太平洋的遭遇中，对萨摩亚人的自杀现象做了这样的解释。他写道：由于孩提时代的教育，大多数萨摩亚人倾向于转移众多的愤怒和攻击情绪。在许多个体身上，这种被压抑的愤怒就像是一些心理学家所谓的流动的进攻——寻找对象集中发泄的愤怒。古德曼指出，从出生之日起，萨摩亚的孩子们就被教导抑制自己的情绪。当一个孩子开始哭泣时，大人就会告诉他"一切都过去啦！"然后给孩子一巴掌。当然，孩子会再次哭泣，因而惩罚会再次重复，直到孩子停止哭泣。大人教育孩子们要吞下自己的愤怒或狂暴，久而久之，孩子们就会抑制任何不愉快的或愤怒的情绪。萨摩亚的男人和女人都被迫服从其马他伊，直至死亡。

外来的旅游者大多会对萨摩亚人的笑声留下深刻的印象。的确，无论男女，萨摩亚人的笑声都是非常频繁、非常明朗而畅快的，畅快得甚至有些肆无忌惮。但不幸的是这导致了一个虚假的现象，令人们以为萨摩亚人真的活得很开心。事实上，萨摩亚人是高度团体化的，他们一起工作，一起吃喝，一起获得成功，并且几乎总是在其他人的陪伴下度过他们的一生。对于萨摩亚人来说，跟20个甚至更多人口的大家庭近距离地生活在一起，这种愉快的外表是必不可少的。它就像是一种润滑剂，一种使人际关系更为平稳和谐的东西。其实，在萨摩亚人的生活中抑郁并不少见。正如有的学者所指出的那样：在萨摩亚人美丽的微笑之后，充满着被压抑的愤怒、高自杀率和由抑郁带来的严重问题、艰辛的生计以及追求声望和权力过程中持续的政治不稳定。

萨摩亚文化抑制个体的独立价值、不承认个体自由所导致的消极影响和社会问题，正在逐步为越来越多的社会成员所认识。这必将给包括习惯法在内的整个萨摩亚法律制度带来重大的变革和深远的影响。

第二节　西方模式与传统社会的碰撞

一　两种体制的矛盾

西萨宪法的两条基本原则是基督教和萨摩亚的风俗习惯，这样就既保留了马他伊体制，又引入了西方自由民主的现代体制。但这两种体制理论上的结合并不能消除实际生活中的冲突，二者的磨合将是一个长期的过程。在实际政治运作中，高层政治采用现代体制的成分较多，而在低层政治中传统体制影响较大。西萨独立后，由于只有马他伊才具有选举权，才能参与政府事务，一些家族为满足族员获得选举和被选举资格的需求，便改变了某些传统规定，将本应由一人获得的马他伊头衔让多人享有，授衔仪式也不如过去严格。这就造成了马他伊人数从 1960 年的 4594 名猛增到 1975 年的 1.1 万名，占当时人口总数的比例由 4.1% 增至 7.3%。

一些在海外的西萨人获得马他伊头衔是为了拥有选举权，但并不拥有家族土地，也不在本家族行使该头衔应有的权利和义务。这种现象严重冲击着传统马他伊体制的基础，引起了许多争端。塔里乌事件集中反映了传统马他伊体制与以西方体制为基础的宪法体制之间错综复杂的关系。

塔里乌是乌波卢岛法雷拉塔伊村的青年，20 世纪 60 年代到新西兰工作，70 年代返回西萨，成功地开辟了芋头和香蕉种植园，还从事私人公共汽车服务业，为家乡做出了很大贡献，受到了村民们的称赞。在征得多方同意后，他的家族举行仪式将其父亲的头衔授予他，塔里乌便开始行使他的头衔所赋予的权利和义务。但一些旅居新西兰的家族成员，出于自身利益的考虑，他们希望与自己血缘更近的亲属拥有传统头衔，以便将来返回西萨后能获得头衔和土地。因此他们反对授予塔里乌头衔的做法，并向西萨的土地与头衔法庭提起诉讼。

法庭判塔里乌败诉，原来支持他的一些马他伊也改变了初衷。一气之下，塔里乌虽然继续为村民办事，但不再去教堂做礼拜了。这又触犯了"去教堂是每个人的义务"的村规，被村马他伊委员会处以罚款。当他拒绝缴纳罚款时，村马他伊委员会表示将根据萨摩亚传统将其本人及家人驱逐出村，而且不许村民乘坐他的汽车，违者严惩，并威胁说塔里乌如拒绝执行，他们将使用暴力。驱逐出村是最严厉的惩罚方式，其目的是维护本村马他伊委员会的权威和尊严。在这种情况下，塔里乌缴纳了罚款，但他的种植园被毁坏，庄稼被偷窃。

塔里乌向刑事法庭状告村马他伊委员会侵犯他的土地、故意毁坏其财产、恫吓并密谋伤害他和他的家人，要求村马他伊委员会赔偿种植园及因不许村民乘坐他的汽车所造成的损失。在听证会上，塔里乌的律师根据宪法所赋予每个西萨公民的基本人权，即每个公民都享有在整个西萨自由行动及在任何地方定居的权利，指责被告践踏人权。这次塔里乌胜诉了，村马他伊委员会和四个高级马他伊共被罚款11520塔拉。但村马他伊委员会则宣称，法庭的决定是对马他伊委员会权威的挑战，如果塔里乌根据法庭的判决返回村子，村马他伊委员会还将行使权威，对他实施暴力。塔里乌不得不求助于警察，但警察劝他等村马他伊委员会怒气平息后再回村。更令塔里乌气愤的是，村马他伊委员会拒不执行法庭的判决，警察虽多次传讯，最后还是不了了之。

过了些时日，塔里乌忍气吞声返回了本村，又干起了开公共汽车的老行当。但马他伊委员会严格禁止本村村民搭乘他的车，违者严惩。1980 年，当村马他伊委员会得知马他伊纳奈乘了塔里乌的车时，就派一些年轻人到其家里实施绑架和惩罚，幸亏遇到了一位牧师相救，纳奈才得以逃脱。虽然媒体强烈谴责村马他伊委员会的做法是野蛮行径，但警察对马他伊委员会并未采取任何行动，纳奈也不敢诉诸公堂，最后他还是按照传统方式向马他伊委员会赔礼道歉才得以了结。

二　政党政治

从 1962 年独立到 1979 年，西萨没有政党。这期间，除了个别年份，穆里努乌第二一直担任总理，因此这一时期可以说是穆里努乌第二时期。在他的领导下，虽然图马－普雷不能接受被排除在官方之外，其他方面也还不完善，但政局基本稳定，没有出现大的风波。政治上的矛盾主要表现在如何根据宪法进行议会和总理选举。

新的选举法规定只有马他伊才有选举权和被选举权，而萨摩亚女马他伊的人数很少，所以这一规定意味着西萨妇女参政议政的机会比男人少得多，这与现代政治所提倡的自由平等相背离。为体现所有妇女的声音，扩大妇女的政治影响，西萨将独立前成立的全国妇女委员会改为全国妇女理事会，穆里努乌第二的妻子拉乌卢·费塔乌伊·马塔阿法任理事会主席，四大家族的成年女性任理事会的成员，她们代表全体妇女在政治生活中发挥作用。

1963 年 4 月，双元首之一的图普阿·塔马塞塞·米亚奥雷第二去世，他的儿子埃菲结束学业回国投身政治。埃菲的母亲是马乌运动中的著名人物纳尔逊之女，这种特殊的家庭环境为埃菲从事政治活动提供了得天独厚的优越条件。1965 年，埃菲顺利进入议会。1970 年，埃菲、里亚洛菲第四及在任总理穆里努乌第二被提名为下届总理候选人，参加 2 月的大选。埃菲在首轮选举中被淘汰，穆里努乌第二和里亚洛菲第四在第二轮选举中旗鼓相当。在第三轮选举中，里亚洛菲第四以五票的优势当选总理，埃菲被任命为工程部部长。这次大选突破了传统的"普遍一致原则"，通过秘密投票选出了议员和总理。里亚洛菲第四的八位内阁部长中有两位年轻的成员，因此被媒体称为"开明内阁"。然而，医生出身的里亚洛菲第四并不谙政治，其内阁没有取得公众预期的成就。1973 年大选，穆里努乌第二东山再起，以绝对优势击败里亚洛菲第四，重返总理宝座。同年，埃菲以反对派非正式领袖的姿态出现在西萨政治舞台上。

1975 年 5 月 21 日，穆里努乌第二逝世，副总理里亚洛菲第四继任总理。穆里努乌第二的去世消除了埃菲的主要障碍。1976 年的大选中，埃菲轻而易举地击败了里亚洛菲第四，成为西萨总理，时年 38 岁。1978 年，里亚洛菲第四的支持者们倡议组建针对埃菲的反对党，因 1979 年 2 月大选在即，在没有党章的情况下，党内通过协商一致的方式临时决定由瓦阿伊·科洛内出任领袖，作为埃菲的竞争对手参加大选。3 月 28 日，议会选举议长和总理时，出现了埃菲和科洛内两个派系，结果埃菲以一票优势蝉联总理。

1979 年 5 月 18 日，人权保护党作为西萨第一个现代意义的政党宣告成立。瓦阿伊·科洛内任主席，普科塔伊瓦奥·福西任副主席，托菲劳·埃蒂·阿莱萨纳及其他一些知名人士任党内其他领导职务。该党的宗旨是保护宪法赋予西萨人民的权力、自由和利益，提高人民的文化和生活水平，维护国家的和平与稳定，奉行与各国友好的外交政策。人权保护党的成立首开西萨政党政治的先河，标志着以传统部族竞争为特征的政治时期的结束和以政党活动和斗争为特征的政党政治时期的开始。人权保护党很快就成为西萨政治生活中一支举足轻重的力量。

埃菲内阁的巨额开支导致了严重的政治后果。1981 年 12 月，埃菲因其政府预算未能在议会中获得通过被迫辞职。国家元首遂于当月 30 日任命人权保护党议员托菲劳代行总理之职，这是托菲劳第一次出任总理。托菲劳 1957 年首次进入议会，1959 年任卫生部部长。1982 年 2 月大选，人权保护党以微弱优势获胜，人权保护党内，科洛内与托菲劳角逐总理之职，科洛内以一票优势当选，他任命托菲劳为副总理兼财政部部长，任命 37 岁的图伊拉埃帕·萨依莱莱为经济及交通能源部部长兼财政部副部长，从此萨依莱莱便开始活跃在政治舞台上。

同年，因人权保护党一些议员脱党等原因，西萨一年内三次变更政府。9 月，科洛内因在选举中贿赂选民案在法院败诉而失去人权保护党领袖和总理职务。托菲劳出任人权保护党领袖，但国家元首任命了反对派的埃菲出任总理。12 月，埃菲再次因预算未能在议会中获得通过而辞职。国家元首于 1983 年 1 月任命托菲劳出任总理，这是托菲劳第二次担任总理之职。托菲劳的财政紧缩政策较好地控制了前段时期的极度通货膨胀，但国民经济并没有根本好转，公众仍然不满。

1885 年大选前夕，埃菲于 2 月 21 日成立西萨第二个现代政党——基督教民主党，并出任领袖。他试图以经济为突破口击败托菲劳，提出了很多改革措施，但人权保护党仍以压倒性优势再次赢得大选胜利，托菲劳在大选中当选，第三次担任总理。这次大选是两个现代政党的首次交锋对抗，党派阵线分明，总理之争在两党领袖之间展开。人权保护党的再次获胜给基督教民主党以致命打击，从此该党便一蹶不振。

由于科洛内等议员脱离人权保护党，托菲劳面临严峻形势，但人权保护党在议会47个席位中仍有28席。托菲劳对内阁进行了大调整，8名部长更换了6名，结果又有8名人权保护党议员投靠了科洛内，人权保护党在议会中的席位减至20席，托菲劳政府成为由少数议员组成的弱势政府。经过一番政治交易，科洛内与埃菲联手在12月的议会中否决了政府的预算方案，托菲劳被迫辞去总理职务。国家元首接受了多数议员的建议，任命科洛内为总理，埃菲为副总理，组成了联合政府。在1988年2月的大选中，埃菲出任联盟领袖竞选总理，结果托菲劳领导的人权保护党获胜。

1988年3月，埃菲和科洛内的联盟正式组成萨摩亚民族发展党，埃菲任领袖，科洛内任副领袖。该党成立后一直是人权保护党的竞争对手。

1990年，托菲劳政府成功地进行了宪法改革。早在20世纪70年代末，埃菲政府就倡议进行选举制度改革，用普选制代替马他伊选举制，科洛内等人也极力主张实行普选制，1981年和1985年政府两次在议会提出普选动议，均未获得通过。托菲劳政府的《选举法修正案》终于在1990年11月25日获得议会通过。修正案将原来的马他伊选举制改为普选制，凡年满21周岁的公民都有选举权，但仍保留了只有马他伊才有被选举权的传统条款。尽管如此，这一改变已是西萨选举史上的一大进步。同时通过的《宪法修正案》将内阁部长由8名增加到12名，议会席位由47席增加到49席，议会任期由3年增加到5年。西萨成了南太平洋国家中唯一实行议员任期5年的国家。

1991 年 4 月，西萨进行了选举法修改后的首次选举，人权保护党以 33 票的绝对优势再次获胜，托菲劳蝉联总理之职，该党副领袖图伊拉埃帕·萨依莱莱任副总理兼财政部部长。新内阁于 5 月 14 日宣誓就职。托菲劳任总理兼外交部部长，内阁下设财贸商工部、司法部、教育部、妇女内政部、卫生部、劳动部、土地环境测量部、农林渔气象部、工程部、邮通部、交通民航部和青体文部等 12 个部。

进入 20 世纪 90 年代后，天灾接踵而来，1990 年和 1991 年连续两次飓风及 1993 年植物枯叶病给西萨的国民经济带来了致命打击。为了缓解财政压力，政府 1994 年开始实施商品增值税，结果民众怨声载道，人权保护党受到严峻考验。1995 年 6 月，萨摩亚民族发展党副领袖雷奥塔·阿雷脱党，独自成立萨摩亚保守进步党，另外，萨摩亚自由党、民主马他伊党也纷纷活跃起来。1996 年，人权保护党女议员马塔图姆阿成立萨摩亚全民党。但总的来说，实力最强的还是人权保护党和萨摩亚民族发展党，竞争主要在这两党之间进行。

经过各派的分化组合与激烈的竞选活动，在 1996 年 4 月的大选中，人权保护党在议会中获得 24 席，经过努力，最后拉到了 34 席，托菲劳再次蝉联总理，图伊拉埃帕·萨依莱莱仍任副总理兼财政部部长。随后托菲劳政府将内阁进行了调整，将司法部与青体文部合并，另增加内务统计部，不久又恢复上届所设的 12 个部。

1997 年 4 月，由于西萨政府移民局官员违法出售护照事件曝光，反对党趁机向政府发难，托菲劳总理果断地撤销了移民局局长等涉嫌官员的职务，平息了这场风波。1998 年 11 月，托菲劳辞去总理职务，副总理图伊拉埃帕被任命为总理。1999 年 3 月 19 日，前后担任总理达 14 年之久的托菲劳逝世，西萨出现了短暂的政治动荡。

在 2001 年大选中，总理候选人有在任总理兼人权保护党领袖图伊拉埃帕、反对党萨摩亚民族发展党领袖埃菲和现任副元首之一图伊马列里伊法塔。经过激烈的竞选，人权保护党在 3 月举行的大选中再次获胜组阁，党领袖图伊拉埃帕·萨依莱莱蝉联总理。

西萨除了人权保护党和萨摩亚民族发展党这两个大党外，现在议会注册的还有 3 个小党，分别是 2000 年 4 月成立的萨摩亚国家党、萨摩亚人党和萨摩亚联合人民党，但它们在议会中均无议员代表，影响很小。

目前西萨的总理仍然是图伊拉埃帕·萨依莱莱，截止到 2014 年，年近古稀的他已经当了 16 年的总理了。图伊拉埃帕是第一位在西萨获得工商管理硕士学位的人，很有经济头脑。西萨是地球上最后一个看到太阳落下的地方，这是个独特的旅游卖点。2011 年，图伊拉埃帕做出决定，将西萨的时区从国际日期变更线的东边变到西边，以便与澳大利亚、新西兰和中国等主要贸易伙伴的时间相一致。西萨商业界多数人支持这一决定，因为西萨的大多数贸易是与澳大利亚、新西兰及亚洲国家进行的，这一改变能与这些国家的工作日同步，大大便利了与这些国家的贸易。图伊拉埃帕还喜欢体育运动，是一位射箭高手。由于遗传和生活习惯的影响，萨摩亚的肥胖人口较多，图伊拉埃帕一直希望提高民众的健身意识。2007 年，西萨主办第 13 届南太平洋运动会的射箭比赛，图伊拉埃帕决定参赛，以此提高国人的健身意识。他还特地请了一位外国教练来培训本国的射箭队员。在赛前两个月的集训期间，图伊拉埃帕下班后几乎天天训练，最终在反曲弓团体比赛中获得了银牌，成了国际政坛上少有的"银牌总理"。

三　宪法危机和"苏瓦案"

按照 1963 年《选举法》的规定，如果与具有马他伊头衔或对传统土地享有特权的人结婚，就没有资格成为独立选民。而同年的宪法规定，1963 年 11 月 30 日前父亲的名字已在欧洲选民名单或如果父亲还健在并有资格列入欧洲选民名单，孩子就有资格成为独立选民参加选举。这些规定存在矛盾之处，于是就产生了宪法危机。下面这些例子就说明了这个问题。

案例 1　乔治娜·摩尔斯夫人原为独立选民，1981 年当她以独立选民身份注册参加 1982 年大选时，注册官便以其丈夫已获得马他伊头衔为由拒绝其注册。乔治娜很气愤，称这一条款与宪法第 15 条中"法律面前人人平等，每个人的权利都受到法律的保护"相矛盾，于是向最高法院提起诉讼。

案例 2　雷娜提·内兹勒夫人与多梦西·佩瑞拉是亲姐妹。其父佩瑞拉 1963 年前就被划入欧洲人之列，在欧洲选民名单之内。1981 年当姐妹俩以独立选民身份登记参加大选时，地方法院则以其父具有马他伊头衔为由，认为她们包括其父都不具备独立选民资格。而根据土地与头衔法院记录，其父早在 1958 年 8 月就获得马他伊头衔。

案例 3　奥洛马卢 1952 年起先后移民新西兰和美国。1977 年父亲病故，奥洛马卢回国参加葬礼并被家族授予塞帕伊头衔（马他伊头衔之外的另一种头衔）。家族内有人反对并向法院起诉。1978 年 11 月，法院判奥洛马卢胜诉。原告不

萨摩亚

服，向法院提出上诉，要求重新判决。法院定于 1980 年 12 月
再举行听证会，但未做出判决。马他伊登记处以其头衔尚有争
议为由，于 1981 年 8 月将其名字取消。1982 年 1 月，当他决
定以独立选民资格登记参加大选时，登记处以其具有马他伊头
衔而不在独立选民名单之列拒绝其参加选举，于是他诉诸法院
解决。

首席大法官 J. B. 约翰是民权的强烈支持者，对于上述几个案
例，他均做出了支持原告的判决，宣布 1963 年《选举法》无效。
但总检察长支持登记处的观点，双方发生激烈争论。于是，总检察
长向最高法院起诉。1982 年 7 月，从新西兰来的三名法官受理了
此项上诉，他们推翻了约翰的判决，再次确认 1963 年《选举法》
有效。

宪法危机只能通过议会修改宪法加以解决，西萨公众的态度比
较复杂。总的来说，支持马他伊体制的人主要是在村中长大的，并
且在很大程度上还依靠马他伊体制生存的人。而支持选举制度改革
的则多为受过国外教育的人，他们大多为不依靠传统方式生存的政
府或私营部门的雇员。

苏瓦·阿昌是西萨前任总审计长，1994 年 6 月他向议会提交
了一份审计报告，称五名内阁部长等高级官员有贪污浪费、滥用公
款、损公肥私等腐败行为。8 月，政府成立调查委员会对此进行调
查。苏瓦的报告得到了传统权威图马－普雷的支持，他们要求这些
部长下台。尽管调查委员会同意报告中的少部分内容，但指责苏瓦
越权，认为总审计长公布政府官员不正当行为的做法是不妥的。反
对党则认为总审计长是在行使宪法赋予自己的权力，政府指定的调

查委员会不可能是公正的。

苏瓦通过法律来澄清总审计长的权力和职责，以便维护审计的独立性，更好地为政府和人民负责。他聘请当地律师为法律顾问，并于 1995 年 7 月 3 日向最高法院提交诉讼状，控告议会、总理、政府和调查委员会。7 月 5 日，西萨电视台播放了托菲劳总理停止苏瓦职务的决定，6 日，苏瓦接到国家元首签署的停职令。反对党强烈批评政府独断专行。7 月 11 日，苏瓦递交了第二份诉讼状，控告政府停止其职务和停发工资。苏瓦认为这违背了宪法，而且无论他被停职与否，都应该得到工资。于是，政府在当月恢复其工资。

苏瓦被停职一事在社会上引起很大反响，多数人认为总审计长是在履行自己的职责，政府的做法是不正确的，甚至是违反宪法的。如果对政府稍加批评就被停职的话，那么很多事情的真相只能被掩盖起来。1996 年 1 月 23 日，最高法院对苏瓦案做出有利于政府的判决。苏瓦不服，其律师遂在最高法院状告大法官 1 月 23 日的判决。8 月，从新西兰来的法官驳回了苏瓦的所有诉讼。因为此时的法官都站在政府的立场上，结果是不可能公正的。虽然 1997 年 2 月又举行了一次听证会，但结果已可想而知。7 月，政府解除了苏瓦的停职令，允许他工作，案子就此了结。苏瓦虽然败诉，但仍受到多数群众的支持，他们认为这种裁决是有失公允的。

为了避免状告议会和政府的事件再次发生，托菲劳总理在议会提出宪法修正案，将总审计长的任职期限改为三年，而不是原来的可任职至 60 岁。这一议案虽然在议会遭到反对党的批评和反对，但最终得以通过。

四 新世纪的宪政纠纷与改革

新世纪伊始，西萨又接连出现了与民主选举和马他伊制度紧密相关的冲突事件，从而更广泛而深刻地暴露出西萨现行宪政体制的危机。

(一) 阿厄奥诉法雷阿鲁波地方选区案

2001 年大选前，法雷阿鲁波选区在无线电台和萨摩亚电视台公开宣告了其议席的候选人。该公告是在 1988～1991 年任议长的阿厄奥·佩尼阿米纳拒绝接受其选区为了让在职成员马法索里亚·巴浦·瓦阿伊（曾任农业、森林和渔业部的部长）赢得无竞选对手的选举而劝其不要参加竞选的忠告后播出的。由于他的拒绝，阿厄奥被终身驱逐出选区，一同被驱逐的还有他的孩子们和其他家庭成员。在阿厄奥看来，该公告是无效的，因为没有任何文件和任何签字可以证实它。他说："做这样一种关于大选的胁迫性公告是违法的。它与法律背道而驰，这还只是那些恐吓策略的一部分。"法雷阿鲁波的马他伊们以向土地与头衔法院提交申请防止阿厄奥参加大选的方式坚持他们对阿厄奥的指令。法院驳回了这一申请，允许阿厄奥竞选其议席。胜诉后阿厄奥比以往任何时候都更加坚定了竞选议席的决心，他表示，自己的行动是为了打破法雷阿鲁波地区的等级制度。

由于担心自己和家人的安全，阿厄奥在最高法院申请了一份暂时性阻止令，以便制止法雷阿鲁波的 68 位马他伊干涉他在即将到来的议会选举中作为选区一位候选人竞选的权利，并进一步限制被告和被告的代理人、工作人员、受雇人员或任何其他人员以任何方式干涉申请人的权利，以及申请人家庭成员、代理人或任何以自身名义在任何时候以及依其所愿时常进入或离开法雷阿鲁波地区的人的权利。2001 年 2 月 21 日，阿厄奥对一家报社表示，把这件事情诉诸法院从来不是他的本意，但是出于对和平与安全利益的考虑，他决定请求法院的法律保护。大选的结果是，阿厄奥以 613 票对 601 票的结果胜出。

（二）泰马勒拉尼诉穆里法努阿村案

2000 年 12 月 4 日，穆里法努阿村委员会的马他伊开了一个会。在会议上，他们同意批准村里的人权保护党现任议员作为即将到来的选举的候选人。该决定的含义之一是将没有任何其他的候选人参与竞选。在海外居住的泰马勒拉尼·纳奥塔拉在得知这一消息后，就写了一封信给村委员会表示他也想竞选。村委员会没有想到会收到泰马勒拉尼的来信，但他的名字还是一起被考虑了。后来，村委员会又决定不允许泰马勒拉尼参加竞选了，因为他们的目的是给该村现任议员以更好的机会，以便击败来自本选区其他村的候选人，在四个竞选成员中赢得胜利。泰马勒拉尼无视村委员会的决定，参加了该席位的竞选，结果是他和现任议员都输给了一位来自本选区另一个村的候选人。于是，穆里法努阿村在 2001 年 3 月 5 日召开大会，将泰马勒拉尼和他的支持者驱逐出村，给他们整理行囊离开村庄的期限是 21 天。于是，泰马勒拉尼请求土地与头衔法院下令穆里法努阿村的马他伊停止驱逐他，并保持村里的和平。2001 年 4 月 9 日，法院宣布支持泰马勒拉尼。该裁决是建立在 1963 年选举法、1990 年村委员会法、1961 年刑事犯罪法以及 1981 年土地与头衔法院法的基础之上的。法院为其裁决提供了清晰而又充分的理由，认为该村委员会的决定绝不能与选举法相背离。

（三）努乌塔伊死刑案

2002 年 9 月底的一个星期天，在西萨一个叫洛拉的小山村，一位名叫努乌塔伊·马弗鲁·马塔乌提亚的马他伊，在村委员会的命令下，在他的妻子和 5 个孩子面前被执行死刑。

努乌塔伊·马弗鲁·马塔乌提亚是在新西兰生活了 20 年之后回到家乡的。之所以遭到如此下场，是因为他不服从村委员会的要求，拒绝支付罚款，并帮助邻村赢得了板球比赛，从而向村委员会的权威发出了挑战。

律师阿厄奥乌说：下令枪决的首领们可能会争辩说宪法和法律给了他们做想做的事情的权力。的确，村委员会集议会和法律制度于一身，它的权力是绝对的，其权威基础是不容置疑的。在这一结构中，个人权利无立足之地。西萨的宪法指出，国家建立在基督教原则和萨摩亚习俗与传统的基础上，中央政府也已经授权给村委员会。1990 年通过的村委员会法确认了村委员会根据习俗和惯例所拥有的权力，即使进入了 21 世纪，也仍是满怀残忍地对待那些触犯习俗的人。习俗要求没有马他伊头衔的人全都要服从首领们，或者就像一个首领所说的那样："你得服从一切！绝对服从！即使你的首领是错的。"

阿厄奥乌代理过 1980 年的塔利乌·图伊瓦伊提的诉讼案。在新西兰生活了 20 年之后，塔利乌·图伊瓦伊提回到家乡法雷拉他伊。该村的村委员会要求每个人都要上教堂，图伊瓦伊提不愿意信教，结果他和他的家人就被驱逐出村，他全部的猪都被杀死，庄稼也全部被毁。阿厄奥乌说，马他伊们认为根据 1990 年的村委员会法他们有权做所做的事。1990 年的村委员会法试图确认村委员会根据习俗和惯例所拥有的权力，但没有界定这一权力的范围或提供一定的界限，因此村委员会可以非常合法地认为该法赋予了他们根据习俗与惯例以适当的方式采取行动的权力。

（四）法塔·洛雷被逐案

阿费纳村马他伊法塔·洛雷被村马他伊委员会终身驱逐出村，他和妻子及 5 个孩子只好住到他妻子的村里去。他是因为不服从村委员会的规则而被逐出村的许多马他伊和村民之一。法塔·洛雷被判有罪，因为他让儿子在家族土地上清理一片地用来种芋头。他曾经对另一个在同一块地上劳作的人说他想在这里种上自己的芋头，这一愿望得到了同意。于是法塔打发他的儿子去清理这片土地。法塔接下来得知的事情就是那个曾经同意他在那块土地上种芋头的人现在表示反对了，那人声称自己的庄稼被法塔的儿子砍倒了。因此这件事被提交到了马他伊委员会，马他伊委员会又将这事交给了下属的犯罪委员会。犯罪委员会调查证实庄稼的确被毁了，于是法塔·洛雷被带到马他伊委员会跟前接受审问。这事发生在 2003 年 7 月 7 日。

在经过一番审问与答辩，并且法塔·洛雷发表了长篇解释之后，马他伊委员会同意延期裁决。随之而来的是一个将此事延后处理的请求，因为另一个直接相关的马他伊马洛洛·法阿乌伊当时在夏威夷的火奴鲁鲁。法塔·洛雷和马洛洛·法阿乌伊都来自同一个家族。他们在所居住的村庄共享同一片家族所有的土地，法塔·洛雷想种芋头的那块土地也是如此。

在围绕那块芋头地的争端发生之时，马洛洛·法阿乌伊已经去了火奴鲁鲁治病。通过电话联系，他指示这件事应该提交马他伊委员会处理。据说当负责审理此案的市长告诉他马他伊委员会已经决定延迟裁决一直等到他回来时，马洛洛·法阿乌伊告诉市长不要等他，立即处理此事。于是在星期一召开的每月一次的会议上，马他伊委员会决定将法塔·洛雷驱逐。

当马他伊首领们复议这个案件时，有人提醒说法塔·洛雷不是砍倒庄稼的人，而且这块地本身就属于他的家族，而他是该家族的马他伊。但首领们没有采纳这个建议，他们坚持认为砍倒不属于当事人自己的庄稼是被禁止的，而以予的惩罚就是将其驱逐。

2003 年初，该村同一家族中已经有三对夫妇被马他伊委员会驱逐了，他们犯的罪过是砍倒了土地分界线上的一棵植物。

驱逐在阿费纳村并不是新鲜事。该村马他伊委员会认为村委员会法授予了他们惩罚任何不服从其命令的人的权力。他们说："法律在我们这边，每个不服从的人都得受到惩罚。"他们的确在这样做。许多人就因为诸如不缴纳罚金、不向校舍捐款、不服从村里的戒严令、蓄长发和胡须、女孩穿短裤等罪名被驱逐出村。但到目前为止给予的最严厉的惩罚是 2002 年大选前对跛子塔利奥阿·法塔·塔马萨纳的驱逐。塔利奥阿·法塔·塔马萨纳在一起选举投票争端中被逐出了村，但他在法庭上继续向马他伊委员会挑战。就在 2002 年选举的那天晚上，他的住宅被烧成灰烬，他和两个初学走路的孩子死于熊熊火焰中。尽管警察早就着手调查这起致命的纵火案，但至今不清楚导致这场大火的原因。

实事求是地说，西萨的独立宪法不仅是西方文化影响的产物，而且是西萨人长期酝酿与实践的结晶，有着广泛的群众基础和深厚的文化底蕴。它对西方宪政体制与萨摩亚传统的融合应该说是比较成功的。但自 20 世纪 80 年代初以来，特别是进入 21 世纪以来接连不断的争端和案例表明，西萨的宪政制度正日益暴露出弊端。这些弊端集中地体现在宪政所昭示和赖以生存的民主自由的精神及价值与马他伊制度之间的冲突。导致这一冲突的深层原因，是西萨人思想观念的发展变化，而这一变化的起因则是社会生活的不断发展和对外开放程度的不断增加，如国民物质文化水平的提高，外来影视文化的影响，前往海外留学、打工、旅游人口的急剧膨胀，以及前来旅游和定居的外来人口的增加，等等。伴随着这些变化，西萨的宪政制度也在发生变化，如 1990 年修改选举法，赋予全体年满 21 周岁的成年公民以选举权就是典型的一例。但这些变化毕竟太小，难以满足人们的现实需求。而 1990 年修改的相关法律又进一步认同和加强马他伊委员会的习惯性权力，这更是与人们日益增强的自由民主和参政议政的思想观念背道而驰。这就人为地加大了制度建设与现实民众需求之间的差距，社会冲突的发生也就在所难免。

2002 年 3 月，西萨议会制定了《2002 年萨摩亚法律改革委员会法》，其第 4 条明确规定："该法的目的是审查、改革和考虑萨摩亚的法律的发展，以便提升萨摩亚习俗与传统，增进萨摩亚的社会、文化、经济与商业发展。"根据该法设立的萨摩亚法律改革委员会是一个永久存续的法人组织，其职能是：（1）向司法部部长提交建议性的西萨法律改革计划。（2）根据司法部部长的授权，研究和分析被认为需要改革的法律领域，并向司法部部长报告其建议案。（3）在委员会认为合适的时候，与有关各部或其他政府机构协商。（4）在委员会认为合适的时候，就其工作与公众协商，并提出建议。萨摩亚法律改革委员会拥有履行其职能所必需的各种权力，具体包括：雇用员工；指导或发起它认为对履行其职能有利的研究和调查；就涉及法律任何方面的观点与政府部门或政府机构协商，要求和接受来自任何政府部门或政府机构的涉及任何法律审查的合适咨询；公开其工作，做到公开听证，就其提案向公众征求意见，与任何个人或群体协商；雇请或获得合格人员的服务以辅助其工作；以书面形式委托其一个或多个员工管理委员会的日常事务。该法第 8 条还规定，在遵循本法的前提下，法律改革委员会可以制定它认为合适的工作程序。

很显然，《2002 年萨摩亚法律改革委员会法》以及根据该法成立的萨摩亚法律改革委员会，标志着新世纪西萨法律改革的正式启动。这次改革的重点是强调萨摩亚的习俗与传统，也就是要协调以马他伊制度为核心的萨摩亚习俗和传统与西萨宪政体制之间的矛盾或冲突。2004 年废除死刑可以看作西萨新世纪法律体制改革迈出的极为重要的一步。然而，法律改革并不是一件轻而易举的事情。在与西方接触的 200 年中，萨摩亚传统的确发生了很大的变化，但萨摩亚风俗习惯的基本结构并没有变化，如果指望西萨人完全抛弃他们赖以生存的传统体制，在日常生活中这是不现实的。

那么，西萨的宪政体制在新世纪的发展趋势如何呢？根据我国学者、中南大学法学院胡平仁教授的观察与分析，西萨宪政体制的演进将集中体现在以下两个方面：第一，在法律制度的精神内核方面，个体自由将逐步受到法律与现实的认可和尊重，家族与社会本位将向个体本位过渡，但这种过渡将是漫长的。第二，在法律制度的规范层面，已经融入西萨宪法和其他法律中的马他伊制度将是改革的重点，具体的改革方案可能是一方面全面引进真正意义上的普选制度，所有的成年公民都将有选举权和被选举权；另一方面，现行的一院制议会将改为两院制，即由上院和下院所组成，但这种两院制将与西萨近代历史上所采取的两院制有着本质的区别。因为西萨历史上的两院制只是盲目套用西方国家

两院制的形式，上下两院都是由马他伊所组成，从而未能体现西
方两院制的精神，即包括平民和贵族在内的广泛的代表性。而西
萨今后可能采取的两院制是建立在承认个体自由与价值的基础上，
全面推行普选制的必然结果。其中上院将由马他伊组成，下院将
由没有头衔的非马他伊成员组成。与中央政权机构改革相对应，
以村委员会为基础和重心的地方自治组织也将作相应的调整。也
就是说，村委员会等自治组织也将采取类似上述两院制的形式，
由马他伊和没有头衔的平民代表组成。这种新型的两院制和自治
组织结构形式不仅与西方的两院制在精神实质与表现形式上大体
相同，更重要的是它能满足西萨社会日益增长的普通平民参政议
政的现实需求，又可以保留有着两千多年历史的马他伊制度，同
时也符合西萨新旧调和、相对保守的政治思维模式，容易为西萨
各方面所接受。如果上述改革方案能够被接受，西萨的民主宪政
制度将获得长足的发展，宪政体制与传统马他伊制度之间的紧张
与冲突将得到有效的缓解。但西方意义上的个体自由价值观的普
遍引进，也可能会引发新的社会矛盾。

第四章

经济与社会

第一节 经济概况

一 经济发展的困境和举措

西萨独立后，由于种种原因，殖民者留下的种植园在国民经济中的地位一降再降，但由于其自身并没有强有力的经济支柱，因此经济真正独立还有很长的路要走。此外，西萨发展国民经济还有文化方面的障碍。萨摩亚人习惯于把钱财用于修建教堂、供养牧师和赠送礼物等方面，而不是用于开办商店、修建基础设施和发展经济，这种文化特点也不利于实现经济独立。

新西兰殖民当局于1957年将赔偿不动产公司的款项转移给西萨不动产公司，当时该公司的可可和椰肉干出口分别占西萨出口总额的12%和14%，它还为当地市场进口多种商品以此来满足民众的生活需要。1959年，西萨政府与新西兰合资开办了西萨银行，新西兰持股55%，西萨持股45%。上述两大举措为西萨独立后的经济发展奠定了一定的基础。

独立后不久，政府就开始实施经济社会发展计划。1963年，政府宣布扩建阿皮亚港，开发萨瓦伊岛的阿萨乌。至 1966 年，阿皮亚港的新设施开始使用，但阿萨乌的开发进度却相当缓慢。为了培养发展经济所需的人才，西萨于 1949 年开始实施教育计划，在农村普及小学教育，在较发达的地方普及初中教育。1953 年，还建立了萨摩亚高中。1960 年以来，大多数西萨人已在教会学校接受算术和其他基础技能的训练。

总理穆里努乌第二希望通过发展教育培养行政管理人才，但又担心传统的马他伊体制受到西方教育的冲击。1964 年，因政府无力支付教师、教科书、教师培训和教学管理所需的费用，议会通过了政府实行学费制的议案。许多村的孩子因交不起学费而被学校拒之于门外，该议案引起了公众强烈的反对。政府不得不决定下一年取消学费，代之以年龄上的限制。

到 20 世纪 70 年代，人口的剧增给已经困难重重的经济带来了更沉重的负担，并引发了严重的社会问题。人口增长导致过度砍伐森林，一旦出现飓风，就会发生水库漏水和供水不足的情况。尽管西萨历届政府始终关注经济，但由于种种原因，西萨经济一直没能实现真正的独立。

在独立初期的十多年里，穆里努乌第二政府在文化方面采取了相对保守的政策，但在经济方面进行了改革。如开发旅游基础设施，成立波利尼西亚航空公司等。

西萨独立时，人们生活相对富裕，政府接受外援的数额并不大。独立后不久，由于出口价格的波动，椰肉干出口比独立前有所下降。香蕉束顶病造成的巨大经济损失、可可出口价格的下跌都加大了贸易逆差。同时，人口的增加导致了人均收入的不断降低。1965 年 1 月，一些议员强调让年轻人拥有土地，成为独立的农民，并指出传统马他伊体制和土地占有制是年轻人获得土地的主要障碍。但大多数议员反对将土地出租给没有头衔的年轻人。

1966年1月，飓风造成了很大破坏，使不景气的西萨经济雪上加霜。国际社会向西萨提供了数百吨的罐装鱼和肉、蛋、奶、油以及米面，年轻人第一次食用进口食品，体会到物美价廉的包装食品的优越性。飓风造成连续两年的经济衰退，后来进口食品价格的上扬使习惯了进口食品的西萨人又遇到了困难。

20世纪60年代，西萨政府对是否发展旅游业一直争论不休。他们一方面认为旅游业可以带来亟需的资金和投资，另一方面又担心旅游业会给西萨带来不良影响。进入70年代，政府开始推行发展旅游业的计划。阿皮亚到法雷奥洛国际机场的公路硬化工程竣工，机场设施进行了改良。旅游人数从1962年的2200人增加到1971年的25000人。1971年，旅游业创汇170万塔拉。1974年，西萨和新西兰合资的图希塔拉饭店开业。随着形势的不断变化，大力发展旅游业以带动国民经济发展成为西萨人的共识。政府采取必要的措施推动旅游事业的发展，包括改善通信设施，开辟新的旅游资源，实行旅游投资优惠政策等。

1976年，埃菲当选总理后提出依靠海外援助资金发展农村项目的宏伟计划，包括让大多数农村居民发展经济，规划了养鸡、养牛、养猪以及发展海洋捕捞业的蓝图，希望以此满足国内市场需要，减少对进口的依赖，实现农村繁荣，但这一宏大计划未能很好地实施。之后的历届政府制定了恢复可可生产的计划，提高西萨主要出口创汇产品的产量和加工能力。其他促进经济发展的措施包括建立酒厂、烟厂、磨料厂及椰子加工厂。西萨不动产信托公司主要是靠海外贷款资助发展起来的，它本来有潜力成为西萨的经济支柱，但由于管理不善，未能发挥应有的作用。

埃菲担任总理的几年间，虽然提出了一些宏伟的目标，采取了一些改革措施，但没有收到很好的成效。又因过度依赖外汇和侨汇，发展计划超越财政支付能力，加上当时世界性经济衰退造成的负面影响，进口商品价格上涨，导致通货膨胀，国债高垒，财政拮据，经济濒临崩溃。1980 年，通货膨胀率高达 378%，工薪阶层的购买力大减。1981 年 4 月 6 日起，公务员协会领导了为期 3 个月的罢工，要求增加工资 15%。政府也因此停止运行了 3 个月。

20 世纪 80 年代初埃菲辞职后，托菲劳受命组阁。新政府根据国内的情况和国际货币基金组织的建议，实行财政紧缩政策，采用进口分配制度以减少进口。虽然高通货膨胀得到了控制，但因工农业底子薄，国内产出不足，国民经济仍然未见好转，商店没有商品，人们的生活受到极大限制，公众的不满情绪再度高涨。在经济困难的情况下，托菲劳政府一方面鼓励人们发展农业，建立轻工业，进行经济改革，另一方面扩大对外交往，争取更多的国际援助，经济状况有所好转。

然而，1990 年 2 月的大飓风使稍有起色的国民经济再次崩溃。西萨主要食用作物受损，物资供应紧缺，外汇骤减，物价上涨，人民生活受到严重威胁，政府财政面临前所未有的困难。1991 年 12 月，大飓风再次袭击西萨，使已经处于崩溃边缘的经济再遭劫难，可可、椰子和芋头等主要创汇产品损失殆尽，政府除了向国际社会求助，还动员群众积极投入抗灾行动，植树造林，种植芋头、香蕉，以尽快摆脱困境。1993 年，新种植的芋头等作物刚刚长出来，下半年又发生了芋头枯叶病，经济再受打击。1995 年，西萨又出现了非洲蜗牛虫灾。几年中，托菲劳政府为改善经济状况，扩大外汇收入，提高人民的生活水平，采取了如下措施。

（1）发展旅游业。旅游业是西萨外汇收入主要来源之一，但西萨又是虔诚的宗教国家，一些村严格规定礼拜天不许去海滩玩，外来的旅游者也必须遵守，这对发展旅游业非常不利。于是，政府通过媒体呼吁放弃这种保守的传统，同时加强与旅游配套的基础设施建设，改善通信条件。到 21 世纪初期，西萨每年旅游收入与侨汇相近，达 8000 万塔拉。

（2）采取经济多元化措施。农业实行多元化，增强抗灾能力。建立农业推广服务站，进行作物研究，提供技术咨询服务，帮助村民从事农业生产。发展畜牧业和轻工业，尤其是椰产品工业，扩大创汇。

（3）改组波利尼西亚航空公司。放弃一些亏本航线的航运业务，把波航划归财政部管理。1995 年进行了经营改革，次年转亏为盈。

（4）引进外资，扩大就业，增加税收。利用德国技术建立西萨自己的啤酒厂。瓦伊里马啤酒厂也是财政收入的一大来源。引进日资的野崎汽车配件厂，提供了 3000 多个就业机会，每年向政府纳税 200 多万塔拉。

（5）分两次出售政府在西萨银行中原先所持 45% 的股份，以解燃眉之急。

（6）实行财政紧缩政策。为了渡过财政难关，自 1994 年起，官方有一段时间停止了出国访问，不参加不必要的国际会议，以节省财政支出。

（7）引进彩票业务，如六合彩、体育彩票等。

（8）争取更多的国际援助。西萨政府通过多方努力，每年从海外得到了大量的经济援助。提供援助的主要国家或组织（根据援助数额的多少）依次为日本、澳大利亚、新西兰、欧盟、中国等。每年外援总额达6000万塔拉，成为西萨财政经济的一大支柱。

二　税收风波和投资环境

由于20世纪90年代以来西萨国民经济直线下降，政府为摆脱困境，在议会提出从1994年1月1日开始征收商品服务增值税，并获得通过。但人民生活也异常艰难，一些家庭已无力供孩子上学，因此，公众极力反对实行增值税。当时西萨正在建政府大楼，部分群众认为在经济如此困难的时期，政府不应该用外国援助建造政府大楼，而应将这笔钱用于渡过经济难关。反对党则发表声明，坚决反对商品增值税，并许诺一旦再次执政便立即取消商品增值税。反对党的观点受到多数群众的欢迎，于是几个小党与反对党组成联合阵线，研究对策，阻止政府征收增值税。1994年1月，政府各部门搬入新政府大楼。3月，数千名抗议者连续两周在政府大楼前示威。政府出动大量警察，防止出现骚乱。托菲劳总理警告说，没有任何人可以用造反的方式来改变政府，如果鼓动游行示威甚至封锁机场和港口，将受到法律的制裁。同时，托菲劳政府也采取了一些缓和民怨的措施，宣布减免进口税和部分商品的增值税。

在此期间，总审计长苏瓦的报告加深了民众对政府的怨恨。1994年9月，传统权威组织图马－普雷请求国家元首顺应民意，取消商品增值税，查办腐败的官员。国家元首要求他们提交请愿书以供研究，于是图马－普雷在全国发起了签名请愿活动。10月，托菲劳再次发表电视讲话，呼吁大家维持和平，不要到议会进行示威。图马－普雷向元首递交了号称有 13 万多人签名的请愿书，强烈要求取消商品增值税。1995 年 3 月，图马－普雷组织了约有 3000 人参加的反对增值税游行。政府指责图马－普雷犯有煽动群众罪，并成立了由 14 人组成的调查委员会调查签名。5 月 20 日，图马－普雷向元首要求撤回请愿书，理由是政府调查要花费 10 万塔拉的财力，撤回请愿书是为国家节省开支。但政府仍在进行调查，并在法院起诉图马－普雷犯有煽动罪。10 月 1 日，政府公布的调查结果称，图马－普雷的做法有悖宪法，并且请愿书漏洞很多，故不予采纳。但图马－普雷依然反对商品增值税，并成立了一个论坛组织，建议其成员在 1996 年大选中支持主张取消增值税的候选人。随着西萨经济状况的不断好转，反对商品增值税的声音逐渐消失。

西萨政府为鼓励外国人到那里投资，于 1994 年专门编印了《西萨摩亚投资指南》，向世界介绍西萨的投资环境，展示良好的商机。西萨政局基本稳定，社会治安良好，不会给投资者带来安全风险。大批能用英语进行交流的劳动力，为投资者提供了人力资源保障。另外，西萨工资水平较低，私营部门的法定最低工资为每小时 1.25 塔拉，行政及一般管理人员为每小时 5.04 塔拉。这些优势使西萨成为较好的工商业投资目标之一。

目前，制造业和旅游业是西萨政府优先发展的两大部门，政府承诺将为外国投资者提供良好的基础设施和优惠的投资鼓励政策。西萨有三种土地所有形式：政府所有、传统所有和自由土地。政府所有的土地约占 16%，由政府支配，归全民所有；传统土地是家族拥有的土地，约占 80%；自由土地约占 4%。自由土地通常是供在首都阿皮亚市区定居的人用的，可以自由买卖和转让。传统土地不可买卖，但可以出租，通常是供外国投资者尤其是旅游工业投资者选择的土地。西萨工商业用地充足，政府在离阿皮亚市5公里的瓦伊泰雷开辟了100英亩的工业区，提供水电。投资者可以在宽松的条件下租到传统土地，为工商业之用，政府允许长期租赁土地，并且条件优惠。工业建筑租用地皮可以在私有土地或瓦伊泰雷的小型工业中心获得。所有租借地必须在土地测量和环境部注册。在工业区租赁地皮要与西萨不动产信托公司及贸商工局商议。

投资者可以自由汇回资金和利润，5年免税。为建立和扩大企业所需的建筑、车间、机械、设备及当地买不到的工业原料也可享受5年免税，并可视情况延长5年。在所得税免税期内，个人所得红利也免税。新成立的出口企业可以连续免税10年，随后缴纳可估收入25%的税，根据投资数额，红利最多的可享受10年免税，并且免收海关税和执照税。西萨是以下三个重要优惠贸易协定的签约国和受益国。

（1）南太平洋地区贸易经济合作协定。这是以南太论坛（即"南太平洋论坛"，后改称"太平洋岛国论坛"）成员国为一方，澳大利亚和新西兰为另一方的一项非互惠协定，前者可享受后者给予的贸易优惠。以前者为原产地的特许产品可减免关税，或自由进入或特许进入澳新市场。该协定于1981年生效。未经加工的西萨产品、最后加工地是西萨的产品、50%以上的价值是西萨增殖的产品均被视为以西萨为原产地的产品。

澳大利亚和新西兰之间签订的密切经济关系协定，对南太论坛国家向澳新出口产品的要求有所放宽，当地成分占25%以上的产品均适用于该协定。因此，几乎所有的西萨产品都可以免税并无限量地进入澳大利亚和新西兰。

（2）洛美协定中的非加太－欧盟协定。该协定允许以非、加、太国家为原产地的产品不受数量限制地出口到欧盟，并且不收任何关税和类似费用。

（3）普惠制。这是美、日、加等发达国家向一些发展中国家包括西萨提供的一种优惠贸易待遇，是单边优惠协定，受惠国无须对施惠国提供类似待遇。西萨可以享受普惠制的优惠待遇。

投资者可以使用当地劳动力，在当地劳动力不足的情况下也可使用其他国籍的技术劳动力。西萨政府有保障劳动力权益的相关规定，国家节俭基金和事故赔偿税是劳工的保障机制。节俭基金规定，雇主有义务向节俭基金为每个西萨雇员缴纳雇员收入总额的5%，雇员本人也要缴纳5%，这笔合计10%的税额必须在发工资日之后7天内交给节俭基金。事故赔偿委员会为职员因公伤、生病或死亡等提供福利资助。根据赔偿计划，每个职员应向委员会缴纳其工资净收入的1%。

政府部门、工业部门及大部分商业部门的工作时间为每周5个工作日，每天8小时。劳动法规定5天工作日后，必须给职员休息时间。按照规定，除了星期日及星期六的半天，每个职工每年都有12个付薪假日。

当然，西萨对外国投资者来说也有不利的方面，如西萨自然资源并不丰富，自身市场狭小等。

三　经济展望

西萨独立以来，经济有了长足发展，人民生活水平有了较大提高，但经济仍不能完全独立，表现为贸易逆差大、外债高、对外援和侨汇依赖性强。西萨财政收入主要由四部分构成：贸易、旅游、外援和侨汇，每部分约占1/4。离开外援和侨汇，西萨政府将难以有效运转，人民现有的生活水平将难以保障。

根据 2013 ~ 2014 财年的统计，西萨经济继续保持 2012 年 12 月"艾文"飓风灾后的恢复性增长。"艾文"飓风对西萨经济造成严重损失，导致 2012 ~ 2013 财年 GDP 负增长 1.1%。按当前价格计算，2013 ~ 2014 财年 GDP 达到 18.63 亿塔拉（约 8.1 亿美元），同比增长 1.5%。如按 2009 年不变价格计算，此财年 GDP 为 17.28 亿塔拉，同比增长 1.9%。这主要归功于建筑业和农渔业的显著增长，二者同比分别增长 1.2% 和 1.9%。同比增长的还有商业，增长 0.6%；交通，增长 0.5%；食品饮料生产，增长 0.2%；水电生产，增长 0.1%；以及公共管理，增长 0.1%。出现负增长的行业有：制造业，负增长 0.4%；旅馆餐饮业，负增长 0.3%；商业服务，负增长 0.3%；个体经营，负增长 0.2%；其他服务业，负增长 0.1%。各行业占该财年 GDP 的比重大致如下：农业 6.3%，渔业 3.5%，食品饮料生产 4%，不包括食品饮料的制造业 6.3%，建筑业 10.5%，水电生产 5%，商业 31.7%，旅馆餐饮业 1.6%，交通 3.4%，通信 3.7%，公共管理 8%，金融服务 3.3%，商业服务 3%，个体及其他服务业 5.2%。

2013 ~ 2014 财年，西萨就业总人数 23359 人，同比减少 1.6%，渔业就业人数减少最多，达到 25.6%，但医疗卫生、供水、商业和农业领域就业人数分别增长 7.4%、5.7%、3.2%、2.2%，部分抵消了渔业减少的就业人数。

2013 ~ 2014 财年，西萨政府财政收入同比增加 13.2%，虽政府支出同比也增加了 10.4%，但政府财政未出现赤字，结余了 2660 万塔拉（约 1157 万美元），比上一财年多出 1170 万塔拉（约 508.7 万美元），增加 44%，约占财年 GDP 的 1.4%。该财年西萨政府内外债累计 10.154 亿塔拉（约 4.41 亿美元），占财年 GDP 的 54.5%，其中外债 9.662 亿塔拉（约 4.2 亿美元），同比增长 1.9%，占该财年 GDP 近 52%；内债 4920 万塔拉（约 2139 万美元）。由于该财年 GDP 基数增大，致使外债所占份额同比有所下降。对西萨提供优惠贷款的国际组织和国家包括世行、亚行、石油输出国组织、欧洲投资银行、世界粮农组织、中国、日本等，其中中国最多，日本次之。总体来看，西萨经济发展依赖外部因素的特性短时间内还难以改变。

第二节　经济产业

西萨是农业国，资源少，市场小，经济发展缓慢，被联合国列为最不发达国家之一。2007 年联合国决定让西萨从最不发达国家行列"毕业"，过渡期 3 年。2010 年，应西萨要求，联合国决定将过渡期延长至 2014 年初。西萨政府目前主要致力于农业、旅游、私营经济、基础设施、教育和医疗等领域的建设，主要经济产业包括工业和农业、服务业和旅游业、金融业和贸易等。

一　工业和农业

西萨自然资源不丰富，既没有矿藏，也没有油田，那里农业落后，工业很不发达，大量日用品需要从国外进口。西萨共有土地 70 万英亩，其中 50 万英亩适于农业。西萨农业主要是指靠土地获得收益的行业，确切地说是种植业，包括芋头、塔木、山药、面包果、椰子、香蕉、卡瓦、可可、咖啡、木瓜及品种和数量有限的蔬菜，林业也包括其中。

西萨植被覆盖率很高，但具有经济价值的森林并不多。据统计，经济林面积占土地面积的37%，其中1%为人造林。森林可采量每年只有2万立方米，木材出口很有限，占出口总额的比例很小。萨瓦伊的可采林较乌波卢多。

西萨的渔业比较落后，捕鱼方式还很原始，靠小船或小电动船在近海捕捞，没有大型渔船到深海捕鱼，捕获量仅够当地居民消费。目前渔业还不能为国家赚取外汇，但从长远看，如果能购置大型渔船到深海捕捞，西萨渔业的潜力还是可观的。

西萨工业基础非常薄弱，没有完整的工业体系，没有重工业，仅有一些制造日常生活消费品的小型轻工业。主要有椰油厂、啤酒厂、汽车配件厂、服装厂、肥皂厂、卷烟厂、食品加工厂、火柴厂、印刷厂、家具厂等，其中大多设在乌波卢岛。2011年，制造业产值1.278亿塔拉（包含食品饮料业的3039万塔拉），建筑业产值2.12亿塔拉，分别占GDP的8.3%和13.7%。

二　服务业和旅游业

2013年西萨从事服务业的人数约为2000人。2011年，旅馆餐饮业产值为5448万塔拉，占GDP的3.5%；交通电信业产值2.166亿塔拉，占GDP的14%；金融服务业产值为1.4亿塔拉，占GDP的9.1%；个人及其他服务业产值6467万塔拉，占GDP的4.2%。

旅游业是西萨主要经济支柱之一和第二大外汇来源。西萨政府致力于发展旅游硬件设施及其他与旅游相关的行业，计划建立五星级酒店。2010年访萨游客为12.95万人，与2009年基本持平，游客主要来自美属萨摩亚、新西兰、澳大利亚、美国和欧洲。西萨已提前实现南太委员会（SPC）为其制定的旅游收入指标。影响其旅游业发展的主要因素是酒店设施简陋和交通不便。西萨在 2013 年有客房 900 多间，但多数条件较差。主要宾馆有：艾吉·格雷宾馆，有 156 间客房；基塔诺·图希塔拉宾馆，有 94 间客房。

三　金融业和贸易

西萨摩亚塔拉是西萨货币的名称，货币管理机构为西萨中央银行。现流通的有 1、2、5、10、20 塔拉面额的纸币，另有 1、2、5、10、20、50 分面额的铸币。

1967 年 7 月 10 日，西萨发行新币西萨摩亚塔拉以取代旧币，并以 2∶1 的比率回收旧币，同时规定新币塔拉与新西兰元等值，官方汇率为 1 塔拉兑换 1.3905 美元。1967 年 11 月 21 日，英镑贬值之后塔拉兑换新西兰元的比价为 0.8076∶1，官方汇率也调整为 1 塔拉兑换 1.3868 美元。1971 年 12 月 18 日美元贬值后，官方汇率又调整为 1 塔拉兑换 1.496 美元。1972 年 6 月 23 日英镑区解体之后塔拉也宣告退出。1973 年 2 月美元贬值之后，对美元的官方汇率变为 1 塔拉兑换 1.67736 美元。1984 年 5 月 1 日，西萨中央银行开始营业。1985 年 3 月 1 日，西萨废除塔拉与新西兰元的固定联系，而与 5 个主要贸易伙伴国货币挂钩，并把美元定为干预货币。

西萨的银行主要有西萨中央银行、西萨开发银行、西萨银行、太平洋商业银行和萨摩亚国家银行等。西萨中央银行的主要目标是促进金融结构健康发展，制定国家金融政策，控制外汇汇率。西萨开发银行主要向工农业部门提供中长期贷款，让新企业获得固定资产，帮助老企业实现转型。贷款利率根据贷款对象而有所不同。西萨银行、太平洋商业银行和萨摩亚国家银行属商业银行，主要向企业和公众提供各种银行服务。西萨银行原为西萨政府与新西兰政府的合资银行，1996 年西萨政府将所持股份全部转让，现为澳新合资银行。太平洋商业银行是夏威夷银行和西太平洋银行的合资银行。萨摩亚国家银行是西萨人 1996 年成立的私人银行。此外，西萨还有国家节俭基金、公众信托、西萨摩亚人身保险公司、国家太平洋保险和事故赔偿公司等金融机构可提供信贷。

对外贸易方面，主要出口鱼类、脑努汁、啤酒、椰奶、脑努果、芋头等产品。2011 年，出口总额为 1.2566 亿塔拉，市场主要是澳大利亚、新西兰、美国、日本和中国。主要进口机械和运输设备、食品、石油、建筑材料等产品，来源主要是新西兰、澳大利亚、美国、日本和中国。2011 年，进口总额为 8.0575 亿塔拉。外援主要来自澳大利亚、新西兰、日本、欧盟、中国及一些国际组织。2010～2011 财年，西萨共接受外援 1.43 亿塔拉。

近些年西萨经济能取得稳步发展，国民总收入和国民资产指数均显示良好业绩，这得益于该国稳定的政治和社会环境，得益于政府合理的规划，得益于政府审慎利用外援、着力推行以人为本的金融和经济政策。但西萨国小民寡，自然资源较为贫乏，农业和渔业发展缓慢，工业基础薄弱，出口产品单一，贸易赤字严重，外汇来源少，技术人才匮乏，这些是其实现可持续发展的诸多不利因素。西萨属联合国公布的最不发达国家之一，世行、亚行、澳、新、欧盟、日本、中国等发展合作伙伴对其提供无偿援助和优惠贷款，是其经济得以发展的重要外部力量。西萨经济的脆弱性是显而易见的，全球气候变暖、恶劣自然灾害是其经济面临的主要威胁。在过去几十年中西萨经历过 16 次飓风袭击，农业、旅游业、基础设施和居民财产屡遭重创。另外，西萨经济及社会生活严重依赖进口，国际市场行情特别是石油价格的波动对西萨的投资、基础设施建设和人民日常生活都会产生巨大冲击。

第三节　基础设施

对于一个十几万人口的小国来说，除了医疗条件较为薄弱外，西萨社会基础设施基本上还是完备的。

一　教育

西萨初、中等教育基本普及，1997 年有各类中小学校近 210 所，人口识字率达 98%，居太平洋岛国首位。乌波卢有几所高等院校：南太大学阿拉富阿农学院、萨摩亚国立大学、西萨摩亚理工学院及萨摩亚海事学校。萨摩亚国立大学 1984 年建立，可授予教育、艺术和部分工科学位证书和其他一些学科的毕业证书。西萨理工学校在澳大利亚的帮助下于 1995 年改为三年制的理工学院。阿拉富阿农学院可授予农学方面的学士学位及热带农业和商业学科的毕业证书。

二　媒体

萨摩亚的新闻通讯事业发展尚可，目前最有影响的两家报纸是官方报纸《萨瓦利》和私营报纸《观察家》。《萨瓦利》创刊于 1905 年，最初是月报，1991 年起改为每周两期，星期二和星期五发行，每期发行量为 1300 份左右。1993 年由单一萨文版改为英文和萨文双语版。1979年马里法创办了《观察家》，英文和萨文混合，原为周报，1994年1月起改为日报，周一到周五发行，周日出特刊，发行量在3000份左右。该报经常反映政府的阴暗面，表达了人们的心声，对政府也起到了一定程度的监督作用，因此较受读者特别是反对党的欢迎。该报的发行量较《萨瓦利》大得多，影响也比《萨瓦利》大。但因过分热衷报道阴暗面，有时有失公正，也受到一些读者的批评。

萨摩亚主要有两家电台，即官方的电台2AP和私营电台FM98。前者创建于1948年，后者创建于1996年，两者都拥有不少听众。1993年，政府创办了唯一的电视台，即TV萨摩亚。该台在资金、技术和人员素质等方面都较弱，除播放本台自己录制的节目外，还转播新西兰的新闻节目，其中有大量宗教节目。

三　医疗

西萨医疗条件差，医护人员紧缺，共有国家级医院两所，即位于阿皮亚的国家医院和位于萨瓦伊的马列托亚·塔努马菲利第二医院。前者始建于德国殖民时期，是西萨规模最大的医院；后者1995年由日本援建并以国家元首的名字命名，规模较前者小，但设施等条件较好，各方面较前者现代化。此外还有4所区级医院和大约30个卫生中心、次中心等，共有本地医生40多人，联合国志愿医生和中国援助医生20人左右，护士300多人。

四　交通

相对于国民经济发展水平，西萨的交通状况已经算是不错的了。西萨公路总长达2000公里，其中优质柏油路约600公里。主要公路是环岛公路。在乌波卢，除环岛公路外还有几条南北走向的穿岛公路。西萨共有各种机动车6000多辆，平均近30人一辆，这个比例远远超过大多数发展中国家。但西萨车辆品牌相对单一，日本丰田车占绝对多数，其他品牌数量很少，而且新车少，旧车多；轿车少，吉普车和小卡车多。国家元首和总理也乘坐吉普车。西萨现有公共汽车近200辆，其外形别具特色，车头像卡车，车身似我国的单节公共汽车。车内设施简单，座椅都是木制条凳，有的车辆连车门也没有，几乎所有车都不装玻璃，车内通风较好。由于公交车辆有限，又走山路，安全起见，交通部门要求所有乘客都必须坐着，超载时后上车者可坐在有座位乘客的腿上，累了两人可以换一下，当然，坐他人腿上的情况常常发生在熟人之间。

在空中交通方面，西萨波利尼西亚航空公司有一架波音737客机、三架18个座位的小客机和一架直升机。西萨有一个大的国际机场和三个小机场。位于乌波卢西南、距离阿皮亚市30公里的法雷奥洛国际机场是西萨唯一的国际机场，第二次世界大战时由美国军队修建，1944年建成，现有2700米长的跑道，可起降波音747客机。波利尼西亚航空公司有到夏威夷、奥克兰、悉尼、墨尔本、南迪、汤加和惠灵顿等地的国际航班。

西萨的三个小机场是乌波卢的法加里伊和萨瓦伊的茂塔、阿萨乌机场。1997年5月，茂塔机场与东萨的帕果帕果机场开通航线，成为西萨的第二大机场。阿萨乌机场初建于1969年，后因种种原因停用，1996年改址重建后，1997年7月重新启用，飞机飞行于乌波卢和萨瓦伊之间。

在海上交通方面，阿皮亚港和阿萨乌港是西萨主要的国际国内两用港口。阿皮亚港可泊5.5万吨级轮船，常有国际货轮来往停泊。

阿萨乌港也是较重要的港口，但由于种种原因，一度停用。乌波卢的穆里法努阿和萨瓦伊的萨莱洛洛加是连接西萨这两大主岛的国内码头，每天都有多班客货两用轮船穿越 22 公里长的阿波利马海峡往返于两码头之间，这成为乌波卢和萨瓦伊之间的主要交通方式。

第四节　华人与萨摩亚社会

从 20 世纪的初期一直到 60 年代，西萨摩亚先后受德国和新西兰统治。在此期间，中国广东、福建等地有许多华工被运往西萨的白人种植园中做契约劳工，部分华工与萨摩亚女子成婚并留下了后代，但大多数被遣返回国。关于目前西萨的华人后裔人数说法不一，有的说有几千人，有的说有数万人，一般认为西萨华人后裔有 3 万人左右，约占西萨摩亚总人口的 1/5。

一　相似的历史命运

19 世纪初，欧洲各国资本主义得到了顺利发展，早已开始的海外殖民活动愈演愈烈，殖民的对象也从早期的亚、非、拉地区转向远离大陆的太平洋。老牌资本主义国家及新兴的资本主义国家相继来到了太平洋，奴役这些国家的人民，榨取这些国家的财富。在数千年的历史进程中，萨摩亚人依靠大自然的恩赐，过着几乎与大陆文明隔绝的世外桃源般的生活。自从 1830 年西方宗教在这里站稳脚跟后，萨摩亚的情况急转直下，英国、美国、德国等列强开始争夺、占领这些岛屿，萨摩亚群岛最终没有摆脱被大国瓜分的命运。

当西方各国进行资本主义原始积累的时候，中国的封建土地所有制所主导的封建社会经济，极力压制刚刚出现的资本主义萌芽。

腐败的清政府不断走向没落，政治经济都处于混乱状态，闭关自守政策使中国与外部世界完全隔绝，一度强盛的文明古国早已失去了往日的勃勃生机。在这样的背景下，英、法等资本主义列强用坚船利炮越来越猛烈地撞击着中国的大门，力图把地大物博的中国卷入殖民主义竞争的旋涡，在中国划分势力范围。在内外交困的情况下，无能的清政府被迫与列强签订了一个又一个丧权辱国的不平等条约。到19世纪末，中国已经沦为战乱频仍的贫穷国家。《马关条约》和《辛丑条约》使清政府背上了巨额赔款的负担，这些负担又被以田赋等形式转嫁到广大农民的头上，致使农村经济凋敝，广大农民饥寒交迫，挣扎在死亡线上。许多家庭的孩子很小就不得不挑起家庭的重担，他们渴望能过上温饱的日子。中国一些沿海居民纷纷背井离乡，到国外谋生，或到外国人的船上做工，或被运往天涯海角当契约华工。

中国与萨摩亚的联系可以追溯到1875年前后，当时少数在欧洲商船上做工的中国人来到萨摩亚群岛并在那里定居下来。有资料显示，1903年萨摩亚共有12名华人自由民，他们大多来自广东一带，这些人与萨摩亚当地人相处融洽。德国殖民西萨后，大力发展利润丰厚的种植园业。种植园业是劳动密集型产业，但西萨却不能提供足够的劳动力，劳工短缺成为必须解决的当务之急，于是德属萨摩亚当局开始输入契约华工，这些华工被西方人贬称为"苦力"。

相似的历史命运将中国与萨摩亚紧紧联系在一起。华工与萨摩亚人以及其他民族在萨摩亚的后裔结合，生儿育女。到21世纪初期为止，只有17万人的西萨约有1/5的人或多或少地带有中国血统。西萨的华人华侨大致可分为三大类：一是西萨独立前不同时期到那里定居的自由民及其后代，他们的人数很少；二是1903年至

1934年到西萨的契约华工及其后代，这部分人是西萨华人华侨的主体；三是西萨独立后到那里定居的华人新移民及其后代，其中多数是老华工的直系或旁系亲属。西萨的华人大多来自中国南方，前两类华人由于自身所受的教育有限，不能说出自己的名字，相互之间通常按照中国南方的习惯，在名字前面加上表示昵称的"阿"字，久而久之"阿某"便成了他们在当地的名字，如阿茂、阿昌、阿华、阿盛等。因为没有中文的语言环境，华人的后代只会讲萨摩亚语。这些华人的后裔都知道自己有中国血统，但绝大多数不懂中国文化，甚至连自己的准确姓氏也不知道，只好以最初到萨摩亚的祖辈的习惯称呼"阿某"作为自己的姓氏。即使有些人知道祖辈的姓氏，情况也发生了变化。如知名老华人陈茂，本来的名字是陈日茂，"日"字表示辈分，因为萨摩亚人不习惯这样的发音，便以"陈茂"或"阿茂"称之。陈茂的后代便以"陈茂"为姓，如大儿子叫帕特里克·陈茂，大女儿叫塞娜·陈茂。由于当地华人名字的发音来源于中国南方方言，现在很难根据萨摩亚语的发音找出正确对应的汉字。无据可查时，只好遗憾地用音译的中文。

西萨独立前，在那里长期定居的全血统华人多为男性，女性只有四位，分别是宋美利、罗华琳、林瑞霞和骆杏元。林瑞霞是第一位生于西萨的全血统华裔，这四位女性中只有骆杏元是唯一从中国本土到西萨的全血统中国女性。

二 契约华工

到1900年，约有350个西方白人种植园主来到萨摩亚寻求发财机会，当地种植园面积因此剧增，达到7773英亩，其中主要是德国人开辟的种植园。德国南太平洋岛屿贸易和种植园公司的种植面积达 4933 英亩，是德国海外殖民地中最大的单一热带农业企业。西萨形成了以出口橡胶、椰子产品、可可和香蕉为主的种植园经济。

西方人本以为西萨本身能为种植园主提供充足可靠的劳动力，但一直靠天吃饭的萨摩亚人，既没有种植园主要求的技能，也不愿意在种植园中受苦，于是种植园主只好将目光投向他处。19 世纪80 年代，德国南太平洋岛屿贸易和种植园公司获得了招募海外劳动力的权限，先后从所罗门群岛招募了近 8000 名美拉尼西亚黑人，这些黑人被称为"黑孩子"。德国南太平洋岛屿贸易和种植园公司在残酷剥削这些"黑孩子"的基础上取得了种植园业的成功，而没有获得招募美拉尼西亚黑人劳工权限的种植园的情况则很差，于是他们联合起来把招募劳工的目标转向了太平洋其他岛屿，包括夏威夷、荷属东印度，甚至日本，但这种努力都没有取得成功。1898年，种植园主们把招募劳工的目光投向了万里之遥的中国，并对此进行了认真的可行性研究。1900 年德国正式殖民西萨后，针对种植园主招募劳工的强烈要求，德皇威廉二世向中国光绪皇帝进行了外交试探。1902 年，德属萨摩亚首任总督威廉·索尔夫访问广东，就从广东招募华工到西萨一事与广东总督进行了磋商并得到了肯定的答复。但在西萨，担心吃苦耐劳的华人到西萨后会对他们构成威胁的欧洲居民早在 1880 年 9 月就说服马列托亚·拉乌佩帕政府颁布了禁止中国人移民到西萨的法令。为排除招募华工的障碍，威廉·索尔夫于 1903 年 3 月 1 日签署法令，废除了上述禁令。里查德·迪肯的德国萨摩亚公司首先获得批准从中国输入劳工。

首批契约华工 289 人乘"德西马"号邮轮于 1903 年 4 月 28 日抵达阿皮亚，揭开了西萨输入华工的序幕。到 1934 年最后一批契约华工来到西萨的 31 年间，共有 15 批 6984 名契约华工从广东汕头和香港启程来到西萨。他们登船前都通过了体检并与招募人员签订了契约合同，成为契约劳工。这些华工大多数来自福建和广东，其中以广东台山县居多。据资料统计，德国殖民时期输入了 7 批华工，新西兰统治时期输入了 8 批。新西兰统治的早期没有招募华工，因为新西兰殖民当局接管西萨初期实行了反对输入更多华工的政策。由于殖民当局很少公布抵达西萨后因为没有通过检疫，或被认为不宜在萨摩亚生活而被随船运回中国的华工人数，另外有少数华工因疾病等原因死在赴西萨途中的公海上，因此，华工实际人数要少于 6984 人。由于来源不同，各种资料对西萨华工的统计数字稍有出入。其中关于 1913 年抵达的华工，还有一段不寻常的插曲。一般认为"米歇尔·杰普森"号船于 6 月 14 日抵达萨摩亚，其实该船于 5 月 18 日已经到达，但由于检疫官在船上发现了天花病人，只好待在海上接受检疫，最后才于 6 月 14 日获准靠岸登陆。此外，1911年辛亥革命后，清朝崇尚的长辫子和长袍也被取缔，因此，1913 年抵达西萨的华工与前几批华工相比最大的变化是没有了长辫子。

大批华工的到来解决了种植园劳工极度短缺的难题，为殖民地经济的发展和繁荣做出了历史性的贡献。当年西萨媒体对此做出过公正的评论。华工被认为是最可靠、最合算而且随时可招募到的劳动力。当时的德文周刊《萨摩亚时报》引用了一位种植园主的话称，"中国劳工符合了我的期望要求，这批人多半都能轻松地使用斧头、镐和锹来干重活。他们踏实、卖力，令人钦佩，很适合在小型种植园干活"。然而，殖民当局对华工抱有偏见。1919 年当新西兰殖民当局对华工进行污蔑并限制招募华工时，《萨摩亚时报》的一篇文章进行了有力的质询和批驳。这篇文章质问："华工对萨摩亚的未来真的构成威胁了吗？我们还打算为我们的农业招募更多的华工吗？如果不打算，是不是打算招募对萨摩亚利益不大有害的其他契约劳工代替华工，或者我们是否可以认为任何形式的契约劳工都将与我们的托管地水火不容呢？如果认定保持廉价劳工的充足供应能更好地服务萨摩亚利益的话，那么我们能否得到比华工质量更好、更有责任心或者更乐意遵守现行法律法规的劳工呢？就个人而言，我对此持有异议。总的来说，华工是安分守己、遵纪守法的公民，他们不干预当地社会。"

关于华工是否会对萨摩亚的社会福利和传统道德带来影响的问题，就连新西兰外务部部长李先生也认为，"断言在过去的岁月中有哪个华工曾给萨摩亚人带来道德退化后果的说法是毫无根据的"。他指出，事实上，中国人是在帮助发展这个国家。

但华工的待遇如何呢？他们的待遇极低，生活和劳动条件极为艰苦和恶劣。早期华工的工作和生活条件尤其苛刻，不但薪水低，而且连过中国节日的权利也被剥夺。他们每天工作时间为6：00～12：00，13：00～17：30，长达10个半小时。有的每天被迫工作11个半小时。种植园主每月通常只给他们两天的假日。恶劣的工作环境常常导致各种疾病，但假日和因疾病休息时却没有薪水。

招募人员通常赴中国前已和种植园主就劳工的价格、待遇、分配办法等达成一致，并在媒体上对招募华工的内容进行宣传。如招募1905年那批华工前，德国当局派往中国的招募人员在报纸上登出了招募条件：

（1）预付招募苦力费用，每位350马克；

（2）订购苦力截止日期为1904年1月12日；

（3）采取抽签的办法分配苦力；

（4）合同期为 3 年，期满必须遣返；

（5）遣返费由雇主承担；

（6）每月薪水为 10 马克；

（7）如果到达人数少于订购人数，按比例相应减少预订的分配额；

（8）需用招募贷款的种植园主必须立即向政府申请。

为了招募到华工，招募人员往往印制宣传册，宣传西萨的工作环境和条件如何之好等内容来吸引欲出国谋生的中国贫困农民。即使在西萨工作环境恶劣、华工受种植园主虐待的消息传到中国后，招募者仍然能通过欺骗性宣传招募华工。如小册子上画着可爱的萨摩亚女人陪伴着长辫子华工拉人力车，华工在高大的椰子树下休息，萨摩亚女子照顾他们，旁边还坐着一个萨摩亚少妇，怀抱着杏眼婴儿。

华工不仅生活和工作条件差，而且被剥夺了做人的基本权利和尊严，过着非人的生活。白人不把华工当人对待，他们虽然有名有姓，但白人却叫他们的"苦力"编号。华工还常因五花八门的莫须有罪名遭到体罚或鞭打，诸如躲避、懒惰、逃跑、不服从、骂人、违反宵禁规定，甚至向主人鞠躬时身子弯得不够低等所谓的"不端行为"。当时有规定允许鞭打犯罪的劳工，但每周只能有一次，而且每人不超过 20 鞭，鞭打时应有政府官员在场。

当德国种植园主虐待华工的消息不断传到中国后，清政府决定在改善华工待遇前停止向西萨输入劳工。这一下触到了德国殖民者的痛处。1907 年，德国政府不得不做出高级别的外交保证，西萨德国殖民当局也做了一些让步，同意改善最初的合同条件，答应废除鞭打，改善薪水、住房和医疗条件。同时，清政府决定派代表赴西萨实地考察华工的待遇情况，以保护华工的权益。

1908 年 3 月和 7 月，林树芬和林润钊分别作为广东、福建两省和清政府的代表来到西萨，检查种植园的劳动条件，了解华工受虐待的情况。1909 年，清政府在西萨设立领事馆，林润钊任首任领事（1920 年回国）。两名清政府官员的调查表明，克扣工资、违反合同及肆意打骂华工的现象不仅存在而且时有发生。两名官员对此进行了谴责并向国内报告，迫使殖民当局做出让步。之后，华工的生活条件和待遇逐步有所改善。

1914 年新西兰军政府接管西萨后，迫于英国政府的压力，在华工问题上采取了遣返到期华工、停止输入新华工的政策，认为这既不违反禁止中国"苦力"进入英国领地的规定，又能结束不受欢迎的劳工形式。1915 年至 1919 年，共有 1254 名华工分批返回中国。这一政策加剧了种植园劳工不足的问题，受到了种植园主等各方面的严厉批评。新西兰殖民当局尝试从其他地方寻求劳工来源，但均告失败，只好在时隔七年之后重新开始输入华工的工作并加快了招募步伐。

在华工和清政府领事的共同努力下，华工的居住和工作条件得到一定程度的改善，住房得到定期检查清洁，华工有挑选雇主和行动不受限制的自由，阿皮亚医院还给华工留出了病房。1912 年，华工的法律地位也得到了改善，华工被从"土著"行列划入"欧洲人"行列，获得了欧洲人所能享受的特权。1921 年，政府给华工留出了一块墓地。1923 年，政府通过了《中国自由劳工法令》，相应放宽了早期的契约合同，废除刑罚制裁，允许劳工改换雇主，允许大约 940 名华工留在西萨。

与早期相比，尽管还有未经雇主同意晚上 9 点以后不得离开自己的住处、9点半以后住处禁止点灯、劳动时间内不得离开种植园等种种限制，华工生活和工作条件还是有了较大的改善。例如，1934年最后一批华工在三年契约合同期内的待遇主要有：

（1）日工资为2先令，月末发放；

（2）雇主免费给他们提供住房；

（3）每人每周扣除6便士的公积金，医疗费用从公积金中支付；

（4）欲换雇主者必须提前7天向现在的雇主提出换主意向；

（5）雇主保证大米供应；

（6）华工自购食品，自己做饭；

（7）禁止进行任何商品贸易；

（8）期满回国费用由雇主承担，经劳工和华工专员双方同意，合同可以延长。

他们日工作时间为9个半小时，每天早上6点半点名上班，下午5点半点名下班，中午有一个半小时的工休时间。如果气温超过华氏100度时，工作时间减少半小时。加班者可有加班费或补休时间。星期天和假日工资加倍。华工还争得了过中国传统节日的权利：春节、清明节、端午节、重阳节等，每年共有10天节假日。

1933年，西萨政府又通过了更为宽松的《劳工法令》，要求每个劳工每周缴纳6便士的公积金，用于劳工医疗费、劳工在医院检查、患有慢性病以及不健全或残障劳工的抚养、阿皮亚华人公墓维修及其他慈善项目。

三　华工的婚姻困境

西萨契约华工全是青壮年男子，他们中的少数人在国内已有妻室儿女，大多数是未婚青年。他们到西萨后就出现了与当地女子的婚恋问题。勤劳能干的青壮年华工给萨摩亚女子留下了很好的印象，热情大方的萨摩亚女子给远离祖国的寂寞华工带来了很大安慰，于是他们超越了语言、国界、种族和身份的障碍真诚地相爱了。然而，白人殖民当局推行种族歧视政策，无视大量白人与萨摩亚人婚姻的存在，以契约劳工到期后要被遣送回国及维护"萨摩亚种族的纯洁"为借口禁止华人与萨摩亚人通婚。

这些异国恋人不顾家庭和法律的限制结合了，生活在没有婚礼的幸福之中。到 1914 年，华工与萨摩亚女子通婚已很普遍，大约有 100 对此类夫妇。根据中国驻西萨领事林润钊的估计，当时华工与萨摩亚女子所生的孩子只有 118 个，而白人和萨摩亚女子所生的孩子约 1200 个。美拉尼西亚劳工因地位更低，受限制更多，因此与萨摩亚女子通婚情况很少。

但是，总督洛根却胡说什么"华工在糟蹋他们（萨摩亚人）的女性"，"尽一切努力帮助他们维护种族纯洁是我的责任"。他还说，"输入更多华工会完全毁坏萨摩亚种族，即使现在，由于'苦力'的引入，萨摩亚种族已遭到相当严重的混杂，对我来说，萨摩亚种族的完全破坏将是英国殖民地最令人痛心的结果"。

为此，洛根政府一方面停止再输入华工，另一方面对期满华工强行遣返。洛根政府极度歧视虐待在西萨的华工，颁布法令规定：

（1）禁止

A：任何华工进入萨摩亚法雷；

B：任何萨摩亚人允许华工进入他们的住房。

（2）违反本法令者将受到不超过 5 英镑的罚款或不超过 6 周的劳动教养。

1922 年正式生效的《萨摩亚法案》第 300 条进一步严格禁止

华工与萨摩亚人通婚，规定：

（1）任何来到萨摩亚从事劳动或家庭服务的契约华工，不管是该法令生效之前还是之后来的，一律禁止与萨摩亚女人结婚。

（2）任何这样的婚姻或仪式都是无效的。

（3）任何主管婚姻的官员或其他人不准为此类婚姻进行登记或举行婚礼仪式。

（4）违反上述规定者要受到 20 英镑的罚款或 6 个月的监禁。

这正是新西兰司法部部长"监督华工不接近萨摩亚女人是这个国家的责任，不让这样的婚姻合法化当然更是我们义不容辞的责任"之观点在新属萨摩亚的具体反映。

其实，萨摩亚人对华工很友好，多数家庭对华工与萨摩亚女子之间的事实婚姻还是默认的，只是在当局的严格禁止下，一些村或家族开始禁止华工与萨摩亚女子之间的这种关系。正如当时报纸所说，萨摩亚人对华工并没有敌意，相反在萨摩亚的村子里，你常常可以看到华工与当地人非常亲密，萨摩亚人对华人居民也很友好。萨摩亚女人认为，作为丈夫，中国男人比萨摩亚男人强，因此，如果愿意，华工很容易就能找到萨摩亚女子为妻。

经过华工不断的抗争和努力，这一历史问题直到 1961 年 9 月 28 日《婚姻法》获得通过时才得到彻底和圆满的解决。该法规定，"在此法实施之前的各种事实婚姻被承认为有效和合法，因此而生育的孩子也随之成为合法婚姻的孩子"。

四　华工遣返问题

华工契约中关键的一条是合同到期由雇主出资将其遣返回原地，在征得许可的情况下，可续签合同。当时，中国连年战乱，情况不佳，因此能续签合同被看作一种幸运，被遣返回家将意味着又要面临失业等问题。然而，能续签合同者甚少，大多数劳工都面临着被遣返的可能。据不完全统计，截止到 1948 年，被遣返的人数为 5179 人。

华工回国的情况和心情各不相同。有人说："我工作非常累，一天干很长时间，这期间从不休息。我简直再也不能忍耐下去了。我要回到大洋彼岸的老婆孩子身边。"也有人说："我的同乡决定返回，所以我也回国。"一位十分想留下来的华工则说："我是个独生子，在家乡没有近亲，现在父母又都已过世，我希望不要把我遣返回国。我在这里已 14 年，雇主赏识，合同一续再续，且我在这里已有家室，然而我要求留下的请求却被当局拒绝了。"

受中国几千年传宗接代思想的影响，有的华工回国时有可能经家庭商议或法院判决带回少数孩子，但他们只带男孩不带女孩。由于他们的婚姻被认为是非法婚姻，因此，妻子一律不准带回中国。

被遣返就意味着与萨摩亚亲人的生死诀别，以后再没有机会相见，离别场面极其悲壮凄凉，岸上的亲人和被遣返的华工含泪相互辞别，愿上帝保佑对方。船越行越远，消失在天边。就这样一批批华工被遣返，一批批夫妻被无情的当局拆散。

经过中国驻西萨领事和华工的共同努力，新西兰政府终于批准了 1947 年《萨摩亚移民法修正案》，准许 100 多名在萨摩亚生活了多年（少数近 50 年）的华工留在西萨，免于被遣返。1948 年 9 月 22 日，最后一批不具备留萨条件或不愿留萨的华工 104 人登上了"云南号"离萨回国，结束了华工被遣返的历史。留在萨摩亚的华工获得了自由，开始了新的生活。当时，中国在最后一位驻萨摩亚领事程家华完成使命后不久关闭了领事馆。

据统计，1914 年新西兰占领西萨的时间是在萨华工最多的时候，共有 2184 人，到 1949 年只剩下 175 人。1985 年西萨还有 32 位老华工在世。到 1997 年，随着陈茂、陈寿分别于 1 月和 5 月去世，只剩陈日照、陈栋、区棠和甄卫相 4 位。甄卫相 1948 年回到香港定居并娶妻成家，将萨摩亚妻子留在了西萨。1980 年，他又回到西萨定居，还经常从香港进货在西萨搞小型批发。

五　华人公会

20 世纪 20 年代，随着华侨华人（主要是华工）人数的增多，华侨华人自发成立了一个松散的团体"华人俱乐部"，以此来促进华侨华人的福利事业。该组织不断完善，30 年代组织机构开始健全。

该团体的一个重要举措就是在塔里马塔乌购置了 9.3 英亩土地。这块地原来是一位华人的，是用一块价值大致相当的土地换来的。1921 年当局批准，将这块土地作为死于萨摩亚的华工的墓地，即今天的华人公墓，那里安葬着 300 多名华工的尸骨。如今已经风化了的墓碑上，墓志还依稀可见，多数是用中文写的，少数是用英文写的，也有一些同时使用了中文和英文。从墓志上可知，这些客死异国他乡的华侨华人主要来自广东省台山、恩平、新会、斗门、阳江、三水、开平、海晏、恩邑、惠州及福建福州、厦门和广西、江西等地。这里的华人每年都到这里扫墓。老华工们的名字连同他们为萨摩亚做出的历史性贡献将在萨摩亚永存。

华工的墓志虽为他人所写，但却是死者生前意愿的反映，至少是生者的感受。有的对身为中国人感到自豪，有的对故土充满怀念，有的表达了对祖国的一片忠心。如华工练三和陈五福的墓志上都有这样的挽联"龙来千里远，坟墓万年长"。陈五福墓碑的挽联还配有"正忠报国，理所当然"的横批。这块墓地是华人俱乐部办的一件具有历史意义的大事。

20 世纪 30 年代中期，日本侵华不断升级，中日之间的矛盾不断发展，战争大有一触即发之势，西萨华侨华人怀着对祖国的拳拳之心，想以一定的方式尽自己微薄之力，报效祖国。有人提出通过华人组织进行募捐，并将募捐款汇回国内支持国人抗日。于是他们每人每年向华人俱乐部捐 3 英镑，由俱乐部汇回国内支持抗战。该俱乐部由梁槐任主席，冯桂任秘书，成员人数一度达到 500 人。为使该组织更加健全，1944 年，"萨摩亚岛华侨公会"（简称"华侨公会"）应运而生，取代了相对松散的华人俱乐部。

华侨公会成立后，华侨华人踊跃参加，华侨公会为会员发放会员证。华侨公会做的一件大事就是组织华侨华人入股在穆阿穆阿买了 29.5 英亩的土地，当时有 257 名华侨华人入股，他们希望将来在这片土地上建立属于自己的村庄，包括家庭、商店，甚至建一个中文学校。同时选出公会成员在这块土地上经营可可园，为大家谋福利。1945 年通过投票选举，选出叶银堂在此经营香蕉园。

1963 年 11 月，华侨公会更名为"西萨摩亚华人公会"，并根据情势的变化，制定了比较完善的公会章程和条例。章程说明中规定："华人"指永久定居西萨摩亚的纯中国血统人，"半华人"指永久定居西萨摩亚的半中国血统人。会长须具有纯中国血统或半中国血统。会员资格规定："任何年满 16 岁的纯中国血统或半中国血统人，以及和他们通婚且享有好名声的任何其他人，均有资格入会。"

1971 年华人公会采取了重大举措，在首都阿皮亚市塔福希路买下地皮，建造了一座大礼堂，供公会开会、聚会、举行婚礼和放映电影等重大活动之用。建设经费来自华人公会会员的会费和海外华侨华人的捐助。但仅靠会员费和华侨华人捐款还是筹集不到足够的建设资金，于是公会作出重大决定，卖掉在穆阿穆阿的大部分土地，并声明，买主将来如想卖掉这块地，必须卖给公会或公会的成员。华人公会成员向公会缴纳的会费，都用于公益事业或帮助有困难的会员。

1975年中国与西萨建交后，中国驻西萨摩亚大使馆为华人公会的基础建设提供了一些资助。礼堂建成后，公会在这里举行了不少重大活动，而且活动都搞得有声有色。1985年有6名上了年纪的华人居住在礼堂，照看这里的一切。近年来，由于管理不善，资金短缺等各种原因和问题，华人公会几乎处于瘫痪状态，很少开会或举行活动。现在，西萨全血统华侨华人只有50人左右，而具有部分华人血统的华人后裔约占西萨人口的1/5。

如今，华人公会分三大组成部分，每部分都有自己的成员和经费。他们是：全血统华人、半血统华人和华人妻子、女性华人后裔。各部分通常不定期开会，商讨本部分的事情。只有在共同关心的紧急情况出现时，如再分配或转让公会的土地或财产，三部分人才聚集在一起开大会。现任华人公会主席是老华工李森的儿子塔乌塔伊·李森。李森先生生前曾任公会主席。

西萨摩亚华人公会为西萨华侨华人及其后裔做了大量有历史意义的工作，为提高华人在西萨社会的地位及促进中国与西萨的关系起到了积极作用。

华侨华人的出现，对西萨社会和经济的发展产生了深远的历史影响。从华人最初到萨摩亚至今已有100多年的历史。一个多世纪以来，以各种身份在当地安家定居的华侨华人，尤其是华工，凭借勤劳的双手和坚韧不拔的创业精神，由身无分文的异国来客成为萨摩亚社会的有产阶级，少数还成了当地富商。他们与当地女子通婚，生儿育女，学会了萨摩亚语，通过自己的节俭勤劳，一点一滴积累起自己的财富，有些人还购置了土地，开办了商店。他们赢得了萨摩亚人的尊敬和认同，并成功地融入了当地社会，为西萨经济发展和社会生活的变化做出了历史性的贡献。他们不仅实现了自身的价值，也树立了炎黄子孙的形象。下面介绍一下几位知名华工在西萨创业的情况。

梁槐（1884～1956年），生于广东，为早期华工。1917年与一萨摩亚女子结婚，生有4男5女。20世纪30年代初，梁槐开办了一个大型洗衣店，生意非常红火。洗衣店关闭后，转而经营屠宰生意和饭店，此后又在现南太大学阿拉富阿农学院附近开辟了可可种植园，成为一名私营种植园主。他经营的种植园效益很好，雇用过10名华工在其种植园中做工。梁槐聪明能干，为人慷慨，妻子也热情好客。许多华工经商缺乏资金，都曾经得到过梁槐的资助，其中就有后来成为萨摩亚首富的陈茂。

梁槐在华侨华人中有很高的威望，也很受当地人的尊重。20世纪四五十年代梁槐成为华人首富，有较大影响。1956年，他在西萨去世，享年72岁。他的葬礼在当地有名的教堂举行，非常隆重。许多亲朋好友，包括一些并不熟悉的崇拜者，都带着具有象征意义的萨摩亚传统礼品"席子"参加他的葬礼。

梁槐非常注意对子女的教育，故乡情结很深。1932年，梁槐将12岁的儿子梁明远送回广东读书。梁明远回西萨后，为华人公会的成立做了很大努力，为华侨华人做了很多有益的工作。和父亲一样，梁明远在华侨华人中也很有影响。除梁明远外，梁槐的其他儿女们也都很有出息，大多从事商业或旅游业，如今仍有几位健在，其中包括三女儿梁槐珍、小女儿阿拉维纳和小儿子萨穆森。三女儿梁槐珍是其中知名度较高的一位，她在阿皮亚经营服装店、旅游公司和种植园。

陈茂（1908～1997年），生于广东台山汶村镇，有4个兄弟和1个妹妹，家中排行第二，在国内受过有限的小学教育。赴萨摩亚前已有妻室。他是1934年最后一批到西萨的契约华工，最初在种植园做劳工，吃了不少苦。1937年合同期满时，中国国内爆发抗日战争，因没有回国的船只，遂续签了合同，先后从事维修、蔬菜种植、种植园劳动等多种工作。

来自粤菜故乡的陈茂对做饭情有独钟，赴西萨前就曾在家乡给天主教牧师当厨师，到萨摩亚后，这一技术派上了用场，陈茂也因此曾给总督当厨师。1941年陈茂与华工后代17岁的洛特结婚，婚后生有5男5女。1950年，在知名华人梁槐的热心帮助下，开始了自己的创业史，从小餐馆开始，然后增加小商店和面包房，1988年将小商店扩大为西萨最大的商场和一个批发部。1994年又建立起西萨最大最豪华的餐馆——华美饭庄。

陈茂靠老华人的帮助，开动商业头脑，凭借吃苦耐劳精神和妻子的全力支持，从一名华工成为拥有千万美元资产的富翁。作为当时西萨的首富，陈茂的名字家喻户晓。除了在经济上取得成功外，陈茂还经常参加宗教和社会活动，是西萨医疗协会成员，华人公会创始人之一和前任主席。他为华人公会的建立投入了很多精力和财力。他还经常为华人、半华人谋福利，帮助他们渡过难关。陈茂还是一位爱国华侨，虽远在大洋，却关注祖国的发展变化。1975年中国和西萨刚刚建交，他就率领西萨老华人代表团访华，受到周恩来总理的热情接待。

鉴于他所取得的商业成就和为西萨经济、社会发展做出的巨大贡献，1993 年西萨独立节上，他被西萨政府授予荣誉勋章。1995 年 9 月 12 日，他和妻子洛特被教皇约翰·保罗二世授予一枚奖章，以表彰他们对西萨宗教事业的出色贡献。1997 年 1 月 15 日，这位经历非凡的老华工在西萨去世，享年 89 岁。西萨政府给予他高规格的礼遇，国家元首、总理和内阁部长都参加了他的葬礼。托菲劳总理亲自将国旗盖在他的遗体上，以表彰他为西萨做出的贡献。

中国全国人大华侨委员会副主任委员万绍芬同志通过中国驻西萨大使馆向陈茂先生的亲属发来唁函，表示哀悼和慰问。唁函中说："陈先生在西萨事业上取得了可喜的成就，为西萨经济和社会的发展，为中国和西萨人民的友谊作出了贡献，堪称典范。"

黄兆祺（1906~1978 年），生前在萨摩亚华人中也有一定的影响，他与陈茂有着不同的人生哲学，陈茂尽全力取得经济上的成功，实现人生的价值，但不过多地参与萨摩亚传统事务，而黄兆祺则尽力将自己完全融入萨摩亚社会，并在社会上取得了一些名气。黄兆祺原是广东台山市白沙镇人，早年赴荷兰当劳工。1934 年 7 月，在儿子刚出生三个月后，黄兆祺随同乡一道赴萨摩亚，在新西兰统治下的白人种植园中做劳工。合同期满时，日本侵略亚洲各国的战争不断扩大，太平洋已经不再太平，与此同时，中国国内爆发了"七七事变"，日本大举入侵中国，中国国内掀起了轰轰烈烈的抗日战争。西萨当时已没有开往中国的船只，这些到期的华工回国无路，只好滞留西萨。此外，当时不断传来的消息称国内形势很不安全，人们为逃避战乱，四处逃荒流浪，甚至家破人亡。随着战争的不断扩大，回国无望，黄兆祺便与当地女子结婚组成了新的家庭。1938 年，他与德国后裔萨摩亚女子结婚，生有 3 男 9 女，其中 8 个在澳大利亚和新西兰定居。1948 年，黄兆祺有机会回国，但因又成了家，且有了儿女，遂决定留在西萨。1949 年开设钟表店。

黄兆祺热衷于社会活动、宗教活动和慈善事业，逐步将自己融入萨摩亚社会之中。他拥有妻子家族的土地并积极捐资为村里建教堂，在社会上获得了一定的地位。黄兆祺的社会地位不仅仅得益于自己的努力和表现，也得益于妻子家族的背景。他妻子的家族与国家元首的家族和总理的家族都有姻亲关系，他在萨摩亚社会的成功也直接或间接地得到了这些家族的支持。

在萨摩亚的妻子去世之前，黄兆祺与原配妻子马仲好联系不多。马仲好虽知丈夫在西萨又娶妻成了家，但矢志不再改嫁，与儿子相依为命。70 年代初，萨摩亚妻子已经去世的黄兆祺，开始想办法让结发妻子和中国孩子来萨摩亚团聚。由于中国和西萨还没有建交，通过中国驻新西兰大使馆的协助，费了一番周折，马仲好于 1976 年 5 月到西萨与黄兆祺团聚。42 年过去了，当年的小夫妻现在都已年过古稀，两人百感交集，到教堂重新办了结婚仪式。黄兆祺与马仲好二人结婚长达 45 年，前后共同生活只有 3 年之久，他们的婚姻充满了离奇和浪漫、悲欢和离合。

可以说，没有老华工及他们的努力，就没有萨摩亚的今天。没有华人为西萨人带来蔬菜种植技术，萨摩亚人可能还不认识蔬菜。难怪西萨总理托菲劳曾满怀感激地说，"是中国人教会了我们食用蔬菜"。

留在西萨的老华工们生于中国，长于中国，成功于萨摩亚，他们对中国和萨摩亚都怀有深厚的感情，成为中萨友谊的桥梁。他们以华工身份来到这片陌生的土地，吃尽了苦头，受尽了侮辱，后终获得自由，成了体面的公民，融入了萨摩亚社会。他们觉得萨摩亚是个和谐的地方，令人满意和充实。

华侨华人及其后裔成了西萨社会不可或缺的组成部分，他们从事的职业范围很广，有政府官员、议员，有商业人士、企业家，还有教师、工人、警察、渔民、出租车司机、技工、律师等。有些老华工的后代还在内阁里担任要职，迄今为止，华工后代担任过农业部部长、土地部部长、财政部部长、贸商工局秘书长和西萨驻香港总领事，他们是西萨华侨华人的骄傲。

西萨老华工对现在的生活普遍感到满意，更为中国的不断繁荣和强大感到自豪，每当将现在与当年对比时，他们都非常激动，感慨万千。当年的首都阿皮亚非常原始，道路多为土路，主要交通工具是马车。如今的阿皮亚，现代化建筑林立，漂亮的教堂到处可见，优质的柏油路纵横，小汽车取代了马车。海滨大道也今非昔比。最引人注目的标志性建筑是中国政府 20 世纪 90 年代初为西萨政府援建的政府办公大楼，它是中萨友谊的象征。该大楼的主体部分共七层，是现代化楼房，顶层的外形是萨摩亚原始法雷的形状。它是这里最高的楼，位于阿皮亚最繁华的地方，每年的独立日大典就在楼前的广场举行。此外，这里还有了像艾吉·格雷和基塔诺·图希塔拉那样的星级宾馆。塔福希路一带成了繁华地带，有最大的菜市场和鱼市。由日本人援建的阿皮亚港湾的防波堤，现在成了人们休闲散步的好地方。

过去，华工生活条件差，没有人身自由和尊严，不但殖民者歧视华工，就连萨摩亚土著，也受西方殖民者的影响，对华工有误解和偏见。他们最初以畏惧、怀疑甚至带有敌意的眼光看待华工，有时瞧不起华工的孩子。但长期的交往使萨摩亚人对华人有了正确的认识。他们很佩服中国人，对待华人非常友善，大家和睦相处，经常一起去海边钓鱼，一起聊天。萨摩亚人喜欢中国饮食，华侨华人中喜欢烹调者常做些好吃的，请萨摩亚朋友一起聚会，联络感情。萨摩亚人对中国非常感兴趣，认为中国是令人向往的地方。现在，通婚限制已成了历史，中国人与萨摩亚人的婚姻很普遍，这种混合家庭过得很幸福。

当年许多华工在距政府所在的乌波卢岛 22 公里远的萨瓦伊岛上的种植园中劳动，现在绝大多数都搬到了较繁华发达的乌波卢，而且均在首都阿皮亚附近。这里是政府所在地，有大商店和较好的工作环境，具有城市气息。过去众多的华工只能在种植园做"苦力"。现在萨摩亚全血统中国人比过去少多了，但他们多数经商，地位很高，很受人尊敬。

华工感受到的再一个巨大变迁就是祖国翻天覆地的变化。当年他们出国做"苦力"，很大一部分原因就是国家贫穷，内忧外患，民不聊生，被逼无奈才做此决定，身心都受到了很大创伤。新中国成立之初，由于国际环境和台湾海峡的严峻形势，西萨华侨华人并没能得到祖国的保护。

随着国际环境的变化和中国国际地位的不断提高，世界多数国家顺应历史发展潮流，承认了中华人民共和国在联合国的合法地位并与之建交。西萨政府于 1975 年与台湾"断交"，与中华人民共和国建交。中国在西萨设立了大使馆，华侨华人的合法权益得到了很好的保障。随着双边关系的不断发展，华侨华人的地位也越来越高。1978 年中国实行改革开放后，国民经济持续高速发展，取得了举世瞩目的成就，中国成了当今世界经济发展的强大动力，为世人瞩目。老华人亲身感受到了祖国的变化，到萨摩亚投资、经商、定居的新华人的处境是他们当年无法比拟的，这一切都归功于祖国的强大。

留在萨摩亚的老华工既有满足，也有遗憾。他们遗憾在萨摩亚很少见到中国文化的痕迹：没有寺庙、没有华文学校、没有中文报纸、没有像旧金山或檀香山那样的华人区或唐人街。这是为什么呢？当年西萨华工最多的时候有 2200 多人，对 3 万多当地人来说比例并不小，但华工们被分散在各个种植园，而且受到诸多限制，地位底下，没有人身自由，因此没有中国文化存在的条件。虽然部分老华工后来获得了人身自由，但人数毕竟有限。即便在今天，在萨摩亚的新老全血统华侨华人也只有几十人。

最重要的原因也许是，老华工们的妻子都是萨摩亚人，没法用中文交流，他们的孩子从小就没有中文环境。华侨华人试图让后代学点家乡话，但因没有语言环境，学了几个词或短语后就学不下去了。中国与西萨建交后，为满足老华工的心愿，中国政府于 20 世纪 80 年代曾派北京语言学院的老师到萨摩亚教中文，华人后裔虽然非常踊跃地报名参加，但中文对他们来说实在太难了，坚持学到最后的寥寥无几。这些孩子在萨摩亚环境中长大，不论是在思维方式还是在行动上，已完全萨摩亚化了。即使是华工本人，为适应萨摩亚社会和家庭的环境，也不得不入乡随俗，学习萨摩亚语。因此中国文化和传统很难得到延续和发展。令华工们欣慰的是，尽管后代不会讲中文，不懂中国文化，但都以有中国血统感到骄傲。

对于当年的老华工而言，他们既有对故乡的思念，也有对萨摩亚的依恋。总的说来，他们对自己的人生结局是满意的。当年留下来的华工多数已长眠西萨。西萨在世的老华工人数不断减少。据统计，1953 年有华工 148 人，1961 年 108 人，1973 年 68 人，到 1985 年华工人数已减少到 32 人，1996 年 6 人，到 21 世纪初还在世的两三位均已进入耄耋之年，他们在幸福与回忆中安度晚年。

第五章

外　交

　　西萨摩亚是较早反对殖民统治争取民族独立的国家之一，也是太平洋殖民地中第一个摆脱殖民统治的国家。1962 年西萨独立时，东西方两大阵营严重对峙，民族独立运动蓬勃发展，西萨政府也面临大多数独立国家都需要应对的一系列问题。独立之初，它仅仅与前宗主国新西兰和南太平洋委员会有外交关系。西萨政府曾讨论过是否马上加入联合国及英联邦问题，但考虑到国小力薄，国际地位有限，而且加入联合国还要缴纳会费，因此决定暂时不加入联合国。对于英联邦，西萨也有种种顾虑，同样决定暂不加入。针对当时的国内外局势，考虑到地缘因素，西萨政府在积极发展经济的同时，外交上采取了立足南太、放眼全球的基本方针。

第一节　同周边大国的关系

一　与新西兰的特殊关系

　　从 1914 年占领西萨到 1962 年西萨独立，新西兰统治西萨达 48 年之久，新西兰对西萨社会的影响无处不在。因此西萨在独立后，面对政治、经济等方面的困难，自然会与新西兰保持着特殊关系。

　　1962 年 8 月 1 日，新西兰和西萨两国政府在阿皮亚签署了《新西兰－西萨摩亚友好条约》。条约规定：两国在尊重基本人权和联合国宪章的基础上，维护和加强两国业已存在的友好关系，两国政府应就共同关心的问题进行磋商。新西兰政府将积极考虑西萨政府在技术、行政管理和其他方面寻求帮助的要求。该条约清楚表明两国之间存在特殊关系，只要西萨摩亚政府愿意，新西兰将帮助其处理国际关系。新西兰政府之所以愿意提供这种帮助，是因为它仍然把西萨摩亚视为自己的势力范围，西萨政府不可能奉行与新西兰大相径庭的政策。

　　独立以来，与新西兰的特殊关系成为西萨历届政府对外关系的基轴，两国一直保持着别国不可比拟的全方位特殊关系，在外交、经援、移民、劳务等方面尤其明显。1970 年，两国达成一项移民协定，新西兰每年给西萨 1100 个移民新西兰的名额，以减轻西萨人口增长的压力和扩大侨汇。目前，新西兰有 10 万西萨侨民，来自新西兰的侨汇是西萨侨汇收入的主要组成部分和主要经济来源之一。

　　新西兰一度是对西萨援助最多的国家，但自 20 世纪 80 年代以来，其对西萨的援助额逐渐落后于日本和澳大利亚。90 年代，新西兰每年给西萨的经济援助在 1200 万塔拉左右。新西兰的援助项目主要是道路、教堂、教育、卫生等。因医疗条件有限，西萨的重病患者经批准可赴新西兰的合同医院就诊，医疗费由政府负担。新西兰每年给西萨约 25 个奖学金名额，成绩优秀的高中毕业生可获此奖学金到新西兰读大学。以上这些措施对西萨的经济发展起到一定的促进作用。1982 年 8 月 21 日，新西兰和西萨签订《新西兰－西萨摩亚友好条约议定书》，重申双方在主权平等基础上建立的外交关系将在亲密友好精神的指导下继续发展。

西萨和新西兰高层交往和正式访问不断，进入 20 世纪 90 年代，高层互访更加频繁。1994 年 4 月 14 日至 16 日，新西兰总理对西萨进行了为期三天的友好访问。同年，西萨副总理兼财政部部长赴新西兰参加新西兰国庆庆典，并举行活动庆祝两国友好条约签订 32 周年。1995 年 9 月，新西兰副总理兼外长访问西萨，延签 1962 年签订的《新西兰－西萨摩亚友好条约》。1997 年 5 月 31 日至 6 月 2 日，新西兰外交部部长再次率政府代表团访问西萨并参加西萨独立 35 周年大庆。1997 年和 1998 年，西萨摩亚总理托菲劳两次访问新西兰。1999 年，西萨新任总理又访问了新西兰。2007 年 12 月，西萨国家元首埃菲访问新西兰。2008 年 4 月，新西兰外长彼得斯赴西萨参加两国部长级联合会议。2009 年 9 月和 2012 年 12 月，西萨发生海啸和飓风灾情后，新西兰向西萨提供大量赈灾援助。2011 年 7 月和 2013 年 8 月，新西兰外长麦卡利访问西萨。2012 年 5 月底 6 月初，新西兰总督迈特帕里出席西萨独立 50 周年庆典。

西萨长期以来之所以与新西兰保持特殊关系，是因为西萨经济对新西兰的依赖性很强。据西萨报纸《观察家》2012 年 9 月 25 日报道，西萨央行行长艾娜莉接受采访时说，萨摩亚 60% 的出口产品、60% 的侨汇和 60% 的援助均与新西兰和澳大利亚紧密相关。

二 与澳大利亚的关系

1971 年，西萨与太平洋最大的国家澳大利亚建交，之后两国关系发展很快。澳大利亚向西萨提供了各种形式的援助，包括技术培训、提供留学生奖学金、接受移民、修建公路等，援助重点为人力资源开发、基础设施、教育和卫生等项目。澳大利亚在西萨的主要援建项目有消防楼和护士学校等。澳大利亚在西萨有高专署。澳大利亚为西萨第一大援助国，平均每年的援助约 3700 万澳元，占西萨所获外援的 1/3，主要用于提高政府办事效率、增加就业和投资、加强司法、提高教育水平和改善卫生医疗条件。澳大利亚还是西萨的第一大出口市场和第二大进口来源国。旅居澳大利亚的萨摩亚人有 4 万至 5 万，澳大利亚是西萨第二大侨民聚居地和第二大侨汇来源国。澳大利亚在西萨有侨民 200 多人。萨澳间有"防务合作计划"，由澳方帮助巡逻西萨专属经济区，并为西萨培训警察。进入 20 世纪 90 年代，澳大利亚对西萨的援助已经超过了新西兰，对西萨的影响也不断扩大。2009 年 9 月和 2012 年 12 月，西萨发生海啸和飓风灾情后，澳大利亚向西萨提供大量赈灾援助。近年来，澳大利亚方面表示将持续增加对西萨的经济援助。据西萨《新闻报》2012 年 5 月 11 日讯，当年公布的澳大利亚 2012～2013 财政年度预算显示，澳大利亚政府对西萨发展援助预算将比上年增加 8%，达 4550 万澳元（约合 1.052 亿塔拉）。其中，扶贫资金一项就将增加 300 万澳元（约合 690 万塔拉）。在 2012～2013 财政年度，澳大利亚政府对西萨援助重点包括：改善基本医疗条件，降低非传染病的发病率；提高基础教育入学率，改善教学质量；确保政府支出更加有效、公开和合理。正因为两国关系密切，双方高层交往和互访频繁，西萨总理图伊拉埃帕分别于 2008 年 7 月和 2011 年 6 月访澳，2013 年 2 月，澳大利亚外长卡尔又访问了西萨。

第二节 全方位外交

一 立足南太

西萨的外交政策是在与新西兰保持特殊关系的基础上，立足南太平洋地区，积极扩大国际交往和国际交流。20世纪60年代末以来，随着瑙鲁、斐济、汤加、巴布亚新几内亚、所罗门群岛、基里巴斯、图瓦卢和瓦努阿图先后获得独立，西萨政府便开始积极发展和这些太平洋邻邦的睦邻友好关系，积极参与南太平洋地区事务，参加南太论坛的活动和区域合作，争取在南太地区事务中发挥自己的作用。西萨要求建立国际经济新秩序，重视全球和地区环境保护，支持建立南太无核区，反对核试验，尤其反对在南太地区进行核试验以及倾倒和运输核废料。西萨是太平洋岛国论坛（前身为"南太平洋论坛"）、太平洋共同体和太平洋区域环境署等组织的成员国。太平洋区域环境署秘书处、联合国粮农组织、联合国教科文组织及联合国开发计划署太平洋地区代表处都设在阿皮亚。西萨还派代表帮助筹建太平洋地区大学——南太大学，并由西萨人担任校长。1974年，南太大学西萨马里法分校服务中心投入使用，西萨小说家和诗人阿尔伯特·温特出任主任。他曾任南太大学的英文和教育系教师及萨摩亚高中校长。该中心使西萨学生能接受各类业余教育课程。2011年11月，西萨联合汤加、图瓦卢、库克群岛等波利尼西亚国家和地区成立次区域组织波利尼西亚领导人集团，旨在保护和促进波利尼西亚文化、语言和传统，并通过合作实现经济可持续发展与繁荣。2013年10月，南太平洋旅游组织第23届部长理事会在西萨首都阿皮亚召开。2014年9月，第三届联合国小岛屿发展中国家国际会议在阿皮亚召开。

二 面向世界

西萨独立后，经济上步履维艰，困难重重，政府有识之士认识到，像西萨这样落后的小岛国，要想实现经济发展目标，没有国际社会在经济、技术等方面的援助是不可能的。于是西萨政府在独立后不久就改变了最初关于加入联合国等国际组织得不偿失的观点，在努力搞好与邻邦关系的同时，将外交视野拓展到世界上有影响的大国，发展全方位外交关系，踊跃参与国际或地区等多边机构的活动。

1969年，西萨政府与亚洲开发银行和联合国开发计划署签订援助协议，争取经济援助或贷款支持。1970年，加入英联邦，以期享受英联邦国家之间的各种优惠。1971年，西萨与美国、日本和澳大利亚等国建交，争取这些国家的支持和援助，尤其是经济援助。1975年11月6日，西萨与中华人民共和国建交。1976年独立节时，西萨接待了一个大型的苏联代表团，西萨这样做，是想向南太平洋两大国澳大利亚和新西兰表明，尽管西萨摩亚国力弱小，也能够交上强大的朋友。1976年，西萨正式加入联合国组织，在联合国注册时用的就是"萨摩亚"的名字。另外，由于西萨是十分虔诚的宗教国家，它于1994年6月与梵蒂冈也建立了外交关系。

20世纪80年代以后，西萨历届政府继续奉行与各国友好的政策，坚决维护民族独立和主权，主张大小国家一律平等，支持不结盟运动，主张200海里专属经济区，反对殖民主义和军备竞赛，主张建立南太无核区。到20世纪末，西萨已与世界上40多个国家建交，这些国家是阿根廷、澳大利亚、奥地利、孟加拉国、比利时、英国、加拿大、智利、中国、哥伦比亚、克罗地亚、埃及、密克罗尼西亚、斐济、法国、德国、希腊、梵蒂冈、印度、印度尼西亚、以色列、意大利、日本、韩国、马来西亚、马尔代夫、马绍尔群岛、荷兰、新西兰、巴基斯坦、巴布亚新几内亚、秘鲁、菲律宾、葡萄牙、俄罗斯、新加坡、南非、西班牙、斯里兰卡、瑞典、瑞士、泰国、土耳其、美国和越南。

西萨重视与世界超级大国美国的关系，它于 1971 年与美国建交。1988 年美国在西萨派了常驻代办。1989 年以来，西萨政府首脑多次接受美国总统邀请参加每年一度的祈祷活动。但美国在南太平洋有自己的领地美属萨摩亚，对西萨并不十分重视，除了不断向西萨派遣维和队员外，对西萨的经济援助很少。但随着美国全球战略的调整和重返亚太战略的实施，它对西萨的战略价值越来越重视。2008 年 7 月 26 日，时任美国国务卿赖斯访问西萨，会见了西萨总理图伊拉埃帕，这是自 1988 年来美国国务卿第一次访问西萨。2009 年 9 月 30 日，萨摩亚群岛附近海域发生 8.0 级地震并引发海啸，上百人死亡。灾情发生后，美国总统奥巴马宣布美属萨摩亚为重灾区，命令美国联邦政府提供救灾援助。他同时对西萨遭受海啸袭击表示关切和同情，并表示美国将向西萨提供支持和援助。据美国媒体报道，奥巴马在白宫说，他已指示国务院向西萨提供一切必要的帮助。2011 年 6 月 27 日，以美国助理国务卿坎贝尔为首的美国代表团访问西萨。随行人员包括时任美国太平洋舰队司令沃尔什上将、美国国际开发援助署助理行政官比斯瓦尔、美国国防部东南亚防务负责人西蒙柯克准将以及美国驻新西兰及西萨两国大使休博纳等。在当日举行的新闻发布会上坎贝尔表示，美方重视同太平洋岛国在地区发展、外交、国防等方面的合作，并将就气候变化、打击跨境犯罪、水资源保护、提高生活水平、金枪鱼捕捞等方面进行深入探讨，今后美方将定期出席每年举行的太平洋岛国论坛会议。代表团还就双方关心的问题同西萨总理图伊拉埃帕举行会谈。美国代表团向西萨科研组织（SROS）提供了 5 万美元援款，并为两所医院扩建提供援款 200 万美元。沃尔什代表美国军方同西萨警方就跨境犯罪等问题进行了磋商，双方还就扩展海洋巡逻及扩大信息共享等方面的合作进行了探讨。

日本一向视太平洋为自己的势力范围，为了实现政治大国的图谋，日本向西萨提供了多项经济援助。1972 年，"日本海外合作志愿者"项目开始向西萨派遣志愿人员，通过培训、援建和人员交流等活动，扩大其在西萨的影响。1988 年，"日本协力团"在阿皮亚设立分支机构取代海外合作志愿者项目设立的办事处，该机构是半外交性质的机构。1992 年又增加了高级志愿者项目。到 1995 年为止，海外合作志愿者项目共向西萨派遣志愿人员 276 名，分别在西萨政府或私营单位从事农林渔、制造、维修管理、土建工程、医疗卫生、社会福利、教育、信息服务等工作。日本对西萨经济援助的范围很广，且数额逐年增加。进入 20 世纪 90 年代，日本对西萨的年均援助总额为 2000 万～2500 万塔拉，远远超过了先前的主要援助国澳大利亚和新西兰。随着世界政治经济中心向亚太地区转移，南太平洋岛国在国际政治和亚太地区格局中的战略价值日益突显，日本为保持其在该地区的优势地位和影响力，加大了对南太的援助力度。2011 年日本向西萨提供的无偿资金援助为 64 万美元，技术合作援助 409 万美元，政府贷款 1263 万美元，合计 1736 万美元。截止到 2012 年初，日本对西萨发展援助总额达 5.38 亿美元。

近年来，两国的交往不断增多。2012 年 5 月，西萨总理图伊拉埃帕赴日出席第六届日本与太平洋岛国领导人会议。2013 年初，日本在西萨设立使馆并随后委任常驻大使。2013 年 10 月，西萨商业部常务秘书及驻日大使赴日本出席日本与太平洋岛国领导人会议第二届部长级会议。

由于西萨从欧盟接受了大量援助，所以它比较重视与欧盟的关系，欧盟在阿皮亚也设有其驻南太机构。1995 年，欧盟向西萨提供了第一期 100 万欧元的援助，项目实施周期为 1995 年至 1999 年 9 月。2002 年 11 月，欧盟再向西萨提供 100 万欧元的援助，这是 1999 年批准的第二期援助，从 1999 年 10 月开始实施，已实施小型项目 92 个。欧盟援助的主要目标是支持小型社区在农业、渔业、教育、供水、青年和文化等方面的发展，从而提高农村地区的生活水平。2002～2007 年，欧盟向西萨提供 6600 万塔拉的援助，主要用于建设给排水工程和公共卫生体系。2009 年 9 月，西萨发生地震并引发海啸，欧盟委员会立即宣布向海啸地区提供首批为 15 万欧元的紧急人道主义援助。欧盟委员会负责发展和人道援助事务的委员德古特在声明中对西萨政府和失去亲人的灾民表示慰问，他承诺欧委会将进一步评估当地灾情，并和其他合作伙伴一起展开必要的国际救援行动。2010 年 5 月，欧盟又与西萨签订价值 1671.5 万欧元的援助协议。据西萨报纸《观察家》报道，2011 年 3 月 25 日，欧盟驻太平洋地区代表团大使同西萨新任财政部部长福穆伊纳·蒂亚蒂亚·利厄加在阿皮亚共同签署援款协议。该协议规定，欧盟将向西萨政府提供 1800 万塔拉的预算支持，用于 2011～2012 财政年度供水和排污领域的预算开支。近年来，欧盟加大了对西萨水务方面的援助。据《观察家》2014 年 8 月 22 日讯，过去四年内西萨水务部门从欧盟预算支持计划中获得 9000 万塔拉的援助。该报引用欧盟驻西萨首席代表约翰·斯坦利的话说，欧盟对西萨水务部门的支持始于 2010 年，主要通过预算支持的方式进行，在欧盟对西萨各部门的援助中位居首位。

另外，西萨与菲律宾、泰国、马来西亚和印度尼西亚等东盟国家都有外交关系。近年来，西萨重视发展与东盟国家的关系，寻求资金、技术援助和拓展经贸合作。

西萨为扩大自己的影响，争取更多的支持，还积极参加和主办地区或国际会议。如参加 1996 年的第 23 届 FAO 亚太区域会议和第 63 届非加太部长理事会会议，主办第七届太平洋艺术节等。为扩大本国在南太地区的影响力和知名度，2011 年 11 月，西萨牵头并联合汤加、库克群岛等太平洋岛国和地区，成立了波利尼西亚领导人集团，以保护这一地区的文化传统，并推进地区经济繁荣。

三　对华关系

西萨摩亚与中国的关系既平凡又特殊。中国是最大的发展中国家，与西萨摩亚有着共同的历史遭遇，更重要的是有着深厚的亲情关系。从 1903 年起到 1934 年，西萨德国殖民当局和新西兰殖民当局先后从中国南方招募了 15 批约 7000 名华人到西萨当劳工。华工与西萨人一样受西方殖民者的剥削和虐待，他们一道为自由而抗争，又一起为西萨经济和社会发展做出了自己的贡献。华工与当地人结婚，生儿育女，建立了一种血浓于水的感情。

1975 年 11 月 6 日，西萨政府顺应历史潮流，排除了对社会主义国家的敌对情绪和误解，终止了与台湾的"外交关系"，与中华人民共和国建立外交关系并批准中国设立大使馆，使中国成为继新

西兰之后第二个在西萨设大使馆的国家。双方在建交联合公报中郑
重声明：中华人民共和国政府和西萨摩亚政府根据中国人民和萨摩
亚人民的利益和彼此之间的友谊，决定自 1975 年 11 月 6 日起互相
承认并建立外交关系。两国政府同意，在互相尊重主权和领土完
整、互不侵犯、互不干涉内政、平等互利和平共处的原则基础上，
发展两国之间的外交关系以及友好合作关系。中国政府重申：台湾
是中华人民共和国领土不可分割的一部分，是中华人民共和国的一
个省。西萨摩亚政府承认中国政府的这一立场。西萨摩亚政府承认
中华人民共和国政府为中国的唯一合法政府。两国政府商定，两国
建交后，双方将根据国际惯例为对方的外交代表履行职务提供一切
必要的协助。

两国建交后，友好合作关系不断发展，中国以不同方式向西萨
提供了力所能及的经济援助。20 世纪 80 年代初，中国曾派专家赴
西萨进行农业培训和蔬菜种植培训，并提供奖学金让西萨学生到中
国留学。1984 年，中国开始向西萨派遣援助医疗组，到 2000 年共
派了 8 个医疗组，缓解了西萨缺少医务人员的问题。中国还帮助西
萨建设供水工程，解决民众的用水问题。进入 90 年代，中国对西
萨的援助项目有所增加，其中包括营建政府大楼、阿皮亚国家公园
体育馆、妇女和青年经济活动中心等。随着中国经济对外开放的推
进和两国经贸关系的加强，中国在西萨的投资逐年增长。据统计，
截止到 2012 年，中国对西萨直接投资总额达到 2.66 亿美元，投资
领域包括渔业捕捞、蔬菜种植、牲畜饲养、食品加工和旅游餐饮
等。2013 年，中国企业在西萨投资 1300 万美元兴建太阳能发电
厂。

中国和西萨两国高层互访频繁。1985 年 4 月，中共中央总书

记胡耀邦访问西萨、斐济和巴布亚新几内亚。1989 年，西萨总理访华。1993 年，西萨议长访华。1994 年，中国全国人大常委会副委员长田纪云访问西萨。1995 年 2 月，西萨总理再次访华。同年 11 月，中国全国人大常委会副委员长王丙乾访问西萨。1996 年 7 月，中国外长钱其琛访问西萨、斐济和巴布亚新几内亚，并与西萨签订香港回归后西萨与香港互免签证的协定。1997 年，西萨副总理、议长先后访华。1998 年 1 月，中国国务委员吴仪访问西萨。2000 年 8 月，西萨总理图伊拉埃帕访华。西萨历届政府在台湾问题上坚持"一个中国"的立场，只与台湾发展非官方的经贸关系。2002 年中国对外友协副会长苏光、2004 年外交部副部长周文重、2005 年广电总局副局长田进和中国 – 大洋洲友好协会会长彭珮云、2006 年国家旅游局副局长张希钦和外交部部长李肇星、2007 年中共中央政治局常委李长春等先后访问西萨。

随着中国海洋战略的不断推进，中国与西萨的经济合作和文化交流日益增多。2006 年 4 月，在"中国 – 太平洋岛国经济发展合作论坛"第一次部长级会议上，中国同包括西萨在内的八个南太岛国签署了《中国 – 太平洋岛国经济发展合作行动纲领》。这一纲领涉及贸易、投资、农业、旅游、运输、金融、工业和基础设施建设、自然资源、人力资源等领域，为全面深化双方的经贸合作勾画了蓝图。2006 年以来，中国通过一系列优惠政策和举措，帮助西萨开发清洁能源和可再生能源。2010 年 5 月，中国公司在西萨承建的光伏电站项目正式签约，这是中国在南太平洋岛国的首个光伏合作项目，严重依赖燃油发电的西萨开始转向太阳能。2014 年 5 月，西萨议长拉乌利率团访问中国，全国人大常委会委员长张德江 5 月 19 日在会见客人时说：萨摩亚是太平洋岛国中最早与中国建交的国家之一，也是中国在这一地区的真诚朋友和重要伙伴。中国与萨摩亚的友好合作堪称典范，中方重视发展同萨摩亚的友好合作关系，将一如既往地尊重萨摩亚政府和人民的意愿，在合作中注重提高萨摩亚自主发展的能力，使合作成果更多惠及萨摩亚人民。拉乌利表示：萨摩亚珍视与中国的友好关系，视中国为真诚的朋友和兄弟，感谢中方长期以来给予萨摩亚的慷慨支持和无私帮助。萨摩亚议会愿与中国全国人大建立更紧密的关系，推动两国关系迈上新台阶。2014 年 11 月 22 日，中国国家主席习近平在出席 G20 峰会期间会见了西萨总理图伊拉埃帕。习近平指出，中国同太平洋岛国建立相互尊重、共同发展的战略伙伴关系，这也为中萨关系指明了方向。中国赞赏萨摩亚坚定奉行"一个中国"政策。萨摩亚农渔业、旅游业资源丰富，中国有资金、技术、市场优势，双方要充分挖掘潜力，加强合作。中方愿意帮助萨摩亚发展清洁能源，应对气候变化。图伊拉埃帕表示，萨中关系在相互信任、相互尊重基础上不断发展。萨方希望中方继续支持萨摩亚国家建设，萨方愿意积极参与中国－太平洋岛国经济发展合作论坛。

据中国驻西萨使馆提供的消息，2015 年 2 月 25 日至 27 日，由萨摩亚国立大学、新西兰维多利亚大学当代中国研究中心和中国中山大学联合主办的"中国与太平洋：大洋洲视角"研讨会在萨摩亚国立大学举行。这次研讨会在太平洋岛国地区尚属首次举办，吸引了 140 多人出席。西萨政府部门负责人、太平洋岛国论坛秘书长、太平洋共同体副总干事等岛国政府和地区组织代表、驻萨各外交使团和国际组织代表也参加了会议。西萨总理图伊拉埃帕、中国驻西萨大使李燕端等在开幕式上讲话。

图伊拉埃帕总理在发言中表示，萨中建交 40 年来，两国关系稳步发展、高层交往频繁，中国对萨摩亚提供了大量真诚无私的援助，特别是在应对气候变化和可持续发展等方面对岛国提供了有力支持。随着中国综合实力的增强，有人担心中国与澳、新、美、日等传统地区大国在太平洋岛国地区形成竞争甚至对抗，对地区发展前景有些忧虑。应当看到，中国尊重萨摩亚等岛国对经济发展的关切，为萨摩亚等岛国援建不少其他援助方不愿承担的基础设施建设等项目。中国对岛国的援助与其他援助方具有互补性，相关的援助国应该加强合作，避免竞争与对抗。

李燕瑞大使在发言中全面阐述了中国对太平洋岛国的政策和中国在南太地区所发挥的积极的建设性作用。她指出，当今世界多极化的趋势，需要学术界在研究国际关系、中国与太平洋地区关系时，采取更加开放、包容和创新的思维。李大使介绍了中国经济最新发展情况，阐释了中国坚定不移走和平发展道路的历史、社会和现实逻辑与需要。李大使强调，中国对太平洋地区的政策宗旨是维护地区持久和平、促进共同发展。中国无意在岛国地区谋求狭隘私利或势力范围。中国与建交岛国所建立的相互尊重、共同发展的战略伙伴关系秉承的是开放、包容、不针对任何第三方的原则。中国愿与其他援助方在本地区的发展援助方面加强交流与合作，维护岛国地区的稳定与可持续发展。

四　移民政策

西萨政府继承传统，实行开放的移民政策，这也构成了其对外政策的一个侧面。西萨独立时，全国人口为 11.5 万。1964～1966年，2000 多西萨人获得了 6 个月或 3 个月的签证，到新西兰打工或定居。这次大规模向新西兰的移民主要有以下几个方面的因素：

第一，萨摩亚人有移民海外谋生的传统。第二，独立后经济不景气，人口却快速增长，国民经济面临日益沉重的压力，人民生活水平得不到改善。第三，根据《新西兰－西萨摩亚友好条约》，西萨人到新西兰后不被登记为外国人，因此移民新西兰比较方便，而且那里已经有许多萨摩亚人，新移民容易获得本族人的帮助。第四，新西兰有地缘优势，而且在 20 世纪 60 年代新西兰经济发展需要大量的劳动力。对旅新萨摩亚工人的研究表明，当时的萨摩亚人很容易在新西兰找到工作。那些在新西兰已经找到工作的人，如果想让其亲属也到那里工作，需要得到雇主的保证才能帮其亲属获得签证。为此，旅新的萨摩亚工人都勤奋工作以博得雇主的好感。20世纪 70 年代，初到新西兰的萨摩亚工人，没有自己的房子和汽车，他们一般都和亲戚一起合住以减少支出，同时尽量居住在城区，以解决没有私人汽车的不便。萨摩亚人移居新西兰后将挣来的钱尽可能多地寄回家乡。过了一段时间后，越来越多的萨摩亚人攒钱买自己的房子、汽车和家具。在很多方面，萨摩亚人生活得像工薪阶层的新西兰人。传统的萨摩亚风俗通过教堂、家庭关系网以及与萨摩亚的亲人联系得以保持。大多数萨摩亚人从事无需技能的劳动。70年代后新西兰经济滑坡，工作机会变少。新西兰人开始抱怨岛国移民抢占了他们的工作机会。对此，新西兰政府开始对萨摩亚及其他岛国人超期滞留实施限制。

1972 年，世界卫生组织对西萨摩亚的家庭生育状况及其所采取的节育措施进行的调查表明，西萨是世界上人口出生率最高的国家之一。人口的过快增长使西萨一些领导人对其自然资源能否满足人口增长的需要表示担忧。美国、新西兰、澳大利亚等国对萨摩亚移民的新限制，使西萨摩亚领导人面临更大的人口压力。1970 年，西萨和新西兰两国政府通过双方协商达成一项协议：新西兰每年给西萨 1100 个移民新西兰的名额，通过向新西兰移民局在阿皮亚设的办事处申请，符合条件的萨摩亚人将被准予长期定居或加入新西兰国籍。这一协定大大减轻了西萨的人口压力，但由于新西兰方面对移民条件要求比较高，因此到 2000 年为止的 30 年中只有很少的年份能够完成 1100 名的移民指标。

通过向新西兰、澳大利亚、夏威夷及美国西海岸大量移民，西萨摩亚的人口过快增长得到了控制，到 21 世纪初，西萨国内人口约为 17 万，海外萨摩亚人的总数与国内人数大致相当。西萨摩亚政府向海外移民实行开放政策，对减轻国内人口增长过快的压力，增加侨汇收入和经济发展起到了一定的积极作用，人民的生活水平也有了很大提高。根据 2012 年的统计，西萨每年海外移民数量在 1000 人左右，国内人口增长放缓。开放的移民政策从短期效应来看是明智的，但大量高素质人才移民发达国家，从长期效果看，对西萨未来发展具有一定消极作用。

总之，萨摩亚独立国自认为国小力薄，在国际事务中影响和作用有限，因此将外交重点放在南太地区。它主张维护国家独立，发展民族经济，在保持同新西兰传统友好关系的同时，重视发展同亚太国家的关系。同时又审时度势，面向全球，奉行全方位的和平外交政策。

大事纪年

约 4 万年前	波利尼西亚人到萨摩亚定居
约 950 ~ 1000 年	汤萨战争
约 1480 年	萨拉马西娜女王即位
1722 年	荷兰人罗杰温发现萨摩亚群岛
1830 年	英国传教士约翰·威廉斯到萨摩亚传教
1873 年 8 月	英、美支持的萨摩亚中央政府成立
1889 年 6 月	美、英、德三国签订《萨摩亚事务会议总协定》
1899 年 12 月	英、美、德三国签订条约，和平解决萨摩亚群岛问题，瓜分萨摩亚
1900 年 2 月	德国宣布西萨为其保护国
1905 ~ 1916 年	"马乌普雷"运动
1914 年 8 月 30 日	新西兰在萨摩亚设立军政府
1919 年 1 月	新西兰托管萨摩亚
1926 ~ 1936 年	马乌运动
1944 年	萨摩亚岛华侨公会创立，1963 年更名为"西萨摩亚华人公会"
1948 年 3 月 10 日	《萨摩亚修正法案》生效

1962 年 1 月 1 日	西萨摩亚独立国建立
1975 年 11 月 6 日	萨摩亚与中国建立外交关系
1976 年	萨摩亚加入联合国
1979 年 5 月 18 日	西萨第一个现代意义上的政党人权保护党成立
1997 年 7 月	西萨摩亚独立国改名为"萨摩亚独立国"
2001 年 3 月	人权保护党获胜组阁
2004 年 11 月	托吉奥拉·图拉弗诺赢得选举,当选东萨总督
2014 年 11 月 22 日	习近平在出席 G20 峰会期间会见萨摩亚总理图伊拉埃帕

参考文献

一 中文文献

《参考消息》

《环球人物》

《太平洋岛国研究通讯》

《人民日报》

《太平洋学报》

曹峰：《太平洋岛屿的智慧：神秘的激情体验》，浙江人民出版社，1994。

德里克·弗里曼：《玛格丽特·米德与萨摩亚》，夏循祥等译，商务印书馆，2008。

胡平仁：《宪法语境下的习惯法与地方自治》，法律出版社，2005。

王华：《萨摩亚争端与大国外交》，中国社会科学出版社，2008。

徐明远：《南太平洋岛国和地区》，世界知识出版社，2003。

严懋德：《太平洋诸岛概观》，世界书局，1946。

岩佐嘉亲：《萨摩亚史》（上），马采译，广东人民出版社，1974。

叶进：《南太平洋的万岛世界》，海洋出版社，1979。

翟兴付：《萨摩亚华侨华人今昔》，香港社会科学出版社有限公司，2003。

翟兴付、仇晓谦：《萨摩亚》，世界知识出版社，2002。

W. 福克斯等编《西萨摩亚》，中山大学地理系译，商务印书馆，1977。

张恩护：《太平洋群岛》，商务印书馆，1959。

二 外文文献

Fay G. Calkins, *My Samoan Chief*, Honolulu: University of Hawaii Press, 1962.

Lowell Holmes, *Samoan Village*, London and NewYork: Holt, Rinehart and Winston, Inc. , 1974.

三 网站资料

http://news. sohu. com （新华网）

http://ws. mofcom. gov. cn （中国驻萨摩亚大使馆经济商务参赞处网站）

http://www. chinanews. com （环球网）

http://www. fmprc. gov. cn （中国外交部网站）

索　引

新版《列国志》总书目

亚洲

阿富汗
阿拉伯联合酋长国
阿曼
阿塞拜疆
巴基斯坦
巴勒斯坦
巴林
不丹
朝鲜
东帝汶
菲律宾
格鲁吉亚
哈萨克斯坦
韩国
吉尔吉斯斯坦
柬埔寨
卡塔尔
科威特
老挝
黎巴嫩
马尔代夫

马来西亚
蒙古
孟加拉国
缅甸
尼泊尔
日本
塞浦路斯
沙特阿拉伯
斯里兰卡
塔吉克斯坦
泰国
土耳其
土库曼斯坦
文莱
乌兹别克斯坦
新加坡
叙利亚
亚美尼亚
也门
伊拉克
伊朗
以色列
印度
印度尼西亚
约旦

越南

非洲

阿尔及利亚
埃及
埃塞俄比亚
安哥拉
贝宁
博茨瓦纳
布基纳法索
布隆迪
赤道几内亚
多哥
厄立特里亚
佛得角
冈比亚
刚果共和国
刚果民主共和国
吉布提
几内亚
几内亚比绍
加纳
加蓬
津巴布韦
喀麦隆
科摩罗
科特迪瓦
肯尼亚
莱索托
利比里亚
利比亚
卢旺达

马达加斯加
马拉维
马里
毛里求斯
毛里塔尼亚
摩洛哥
莫桑比克
纳米比亚
南非
南苏丹
尼日尔
尼日利亚
塞拉利昂
塞内加尔
塞舌尔
圣多美和普林西比
斯威士兰
苏丹
索马里
坦桑尼亚
突尼斯
乌干达
西撒哈拉
赞比亚
乍得
中非

欧洲

阿尔巴尼亚
爱尔兰
爱沙尼亚
安道尔

奥地利

白俄罗斯

保加利亚

比利时

冰岛

波黑

波兰

丹麦

德国

俄罗斯

法国

梵蒂冈

芬兰

荷兰

黑山

捷克

克罗地亚

拉脱维亚

立陶宛

列支敦士登

卢森堡

罗马尼亚

马耳他

马其顿

摩尔多瓦

摩纳哥

挪威

葡萄牙

瑞典

瑞士

塞尔维亚

圣马力诺

斯洛伐克

斯洛文尼亚

乌克兰

西班牙

希腊

匈牙利

意大利

英国

美洲

阿根廷

安提瓜和巴布达

巴巴多斯

巴哈马

巴拉圭

巴拿马

巴西

玻利维亚

伯利兹

多米尼加

多米尼克

厄瓜多尔

哥伦比亚

哥斯达黎加

格林纳达

古巴

圭亚那

海地

洪都拉斯

加拿大

美国

秘鲁

墨西哥

尼加拉瓜

萨尔瓦多

圣基茨和尼维斯

圣卢西亚

圣文森特和格林纳丁斯

苏里南

特立尼达和多巴哥

危地马拉

委内瑞拉

乌拉圭

牙买加

智利

大洋洲

澳大利亚

巴布亚新几内亚

斐济

基里巴斯

库克群岛

马绍尔群岛

密克罗尼西亚

瑙鲁

纽埃

帕劳

萨摩亚

所罗门群岛

汤加

图瓦卢

瓦努阿图

新西兰

当代世界发展问题研究的权威基础资料库和学术研究成果库

国别国际问题研究资讯平台

列国志数据库 www.lieguozhi.com

　　列国志数据库是以"十二五"国家重点图书出版规划项目、中国社会科学院创新工程学术出版资助项目《列国志》丛书为基础，全面整合国别国际问题核心研究资源、研究机构、学术动态、文献综述、时政评论以及档案资料汇编等构建而成的数字产品，是目前国内唯一的国别国际类学术研究必备专业数据库、首要研究支持平台、权威知识服务平台和前沿原创学术成果推广平台。

　　从国别研究和国际问题研究角度出发，列国志数据库包括国家库、国际组织库、世界专题库和特色专题库4大系列，共175个子库。除了图书篇章资源和集刊论文资源外，列国志数据库还包括知识点、文献资料、图片、图表、音视频和新闻资讯等资源类型。特别设计的大事纪年以时间轴的方式呈现某一国家发展的历史脉络，聚焦该国特定时间特定领域的大事。

　　列国志数据库支持全文检索、高级检索、专业检索和对比检索，可将检索结果按照资源类型、学科、地区、年代、作者等条件自动分组，实现进一步筛选和排序，快速定位到所需的文献。

　　列国志数据库应用范围广泛，既是学习研究的基础资料库，又是专家学者成果发布平台，其搭建学术交流圈，方便学者学术交流，促进学术繁荣；为各级政府部门国际事务决策提供理论基础、研究报告和资讯参考；是我国外交外事工作者、国际经贸企业及日渐增多的广大出国公民和旅游者接轨国际必备的桥梁和工具。

数据库体验卡服务指南

※**100元数据库体验卡目前只能在列国志数据库中充值和使用。**

　　充值卡使用说明：

　　第1步 刮开附赠充值卡的涂层；

　　第2步 登录列国志数据库网站（www.lieguozhi.com），注册账号；

　　第3步 登录并进入"会员中心"→"在线充值"→"充值卡充值"，充值成功后即可使用。

声明

　　最终解释权归社会科学文献出版社所有。

　　数据库服务热线：400-008-6695

　　数据库服务QQ：2475522410

　　数据库服务邮箱：database@ssap.cn

　　欢迎登录社会科学文献出版社官网（www.ssap.com.cn）

　　和列国志数据库（www.lieguozhi.com）了解更多信息

卡号：3896196586569877

密码：

图书在版编目（CIP）数据

萨摩亚/倪学德编著. —北京：社会科学文献出版社，2015.12
（2017.9 重印）
（列国志：新版）
ISBN 978 - 7 - 5097 - 7964 - 4

Ⅰ.①萨…　Ⅱ.①倪…　Ⅲ.①萨摩亚 - 概况　Ⅳ.①K963.8

中国版本图书馆 CIP 数据核字（2015）第 194482 号

·列国志（新版）·
萨摩亚（Samoa）

编　　著／倪学德

出 版 人／谢寿光
项目统筹／张晓莉
责任编辑／王　燕

出　　版／社会科学文献出版社·列国志出版中心（010）59367200
　　　　　地址：北京市北三环中路甲 29 号院华龙大厦　邮编：100029
　　　　　网址：www. ssap. com. cn
发　　行／市场营销中心（010）59367081　59367018
印　　装／三河市尚艺印装有限公司

规　　格／开　本：787mm × 1092mm　1/16
　　　　　印　张：13.25　插　页：1　字　数：150 千字
版　　次／2015 年 12 月第 1 版　2017 年 9 月第 2 次印刷
书　　号／ISBN 978 - 7 - 5097 - 7964 - 4
定　　价／59.00 元

本书如有印装质量问题，请与读者服务中心（010 - 59367028）联系